KB072613

마흔 살
경제적
자유
프로젝트

마흔 살 경제적 자유 프로젝트

초판 1쇄 발행 · 2021년 2월 26일
초판 3쇄 발행 · 2022년 5월 16일

지은이 · 박상태
발행인 · 이종원
발행처 · (주) 도서출판 길벗
브랜드 · 더퀘스트
주소 · 서울시 마포구 월드컵로 10길 56 (서교동)
대표전화 · 02) 332-0931 | **팩스** · 02) 322-0586
출판사 등록일 · 1990년 12월 24일
홈페이지 · www.gilbut.co.kr | **이메일** · gilbut@gilbut.co.kr

기획 및 편집 · 유예진(jasmine@gilbut.co.kr), 김세원, 송은경, 오수영 | **제작** · 이준호, 손일순, 이진혁
마케팅 · 정경원, 최명주, 김진영, 장세진 | **영업관리** · 김명자 | **독자지원** · 윤정아

본문디자인 · 마인드윙 | **교정교열** · 장문정 | **CTP 출력 및 인쇄** · 금강인쇄 | **제본** · 금강인쇄

©박상태, 2021
ISBN 979-11-6521-478-4 03320
(길벗 도서번호 090175)

정가 16,000원

독자의 1초를 아껴주는 정성 길벗출판사

길벗 | IT실용서, IT/일반 수험서, IT전문서, 경제실용서, 취미실용서, 건강실용서, 자녀교육서
더퀘스트 | 인문교양서, 비즈니스서
길벗이지톡 | 어학단행본, 어학수험서
길벗스쿨 | 국어학습서, 수학학습서, 유아학습서, 어학학습서, 어린이교양서, 교과서

40

3년 만에
월 2천만 원의
파이프라인을 만든
비밀

박상태(생각실현가) 지음

마흔 살
경제적
자유
프로젝트

더퀘스트

항상 나를 믿고 응원해주시는 정신적 지주

아버지와 어머니,

그리고 사랑하는 가족들(아내와 두 아이들)에게

지금과 다른 삶을 꿈꾸는 사람들에게

2017년 10월, '돈도 안 드는데 한번 해보자'라는 마음으로 시작한 블로그가 어느덧 책 출간으로 이어졌다. 세상일은 참 알 수 없다.

블로그를 시작하며 처음 쓴 필명은 '은퇴일기'였다. 당시 나는 회사생활에서 많은 스트레스(회사 내부 경쟁에서 오는 스트레스, 고객으로부터 받는 스트레스 등)를 받고 있었고, 앞으로 10년 뒤 50살까지 직장에서 계속 일할 수 있을까 하는 걱정이 많았다.

'50살에 만약 자의 반 타의 반으로 회사를 나오게 되면 무엇을 하며 먹고살아야 하나'와 같은 고민은 블로그 활동으로 연결됐다. 그리고 은퇴까지 가는 한 걸음 한 걸음을 기록하려는 마음으로 이런 필명을 지었다. 그때 나를 움직인 중요한 생각은 바로 이것이었다.

"지금의 나를 바꾸지 않으면 1년 뒤에도, 3년 뒤에도, 10년 뒤에도 현재와 똑같이 살고 있을 것이다."

그로부터 1년 반 정도의 시간이 흐른 후 필명을 '은퇴일기'에서 '생각실현가'로 바꿨다. 은퇴를 준비하며 경험한 다양한 변화 때문이었다. 나는 착하고 말 잘 듣는, 전형적인 모범생 스타일의 사람이다. 학교와 집을 오가며 선생님 말씀 잘 듣고, 이후에는 직장과 집을 오가며 회사의 말을 잘 들었다. 주어진 본분에 충실했고, 누군가의 지시를 잘 따르는 그런 사람이었다. 남들이 옳다고 생각하는 그런 길을 묵묵히 걸으면 미래는 장밋빛일 거라 생각했다.

그러나 이제는 평생직장이나 고용보장이 가능한 사회가 아니다. 내가 열심히 일한다고 미래가 보장되지 않는다. 지금처럼 살면 안 되겠다는 생각과 동시에 지금처럼 살고 싶지 않다는 생각도 들었다. 남의 말이 아니라 내 마음속의 말에 집중하며 내 삶을 살아야겠다는 생각을 나이 마흔에야 겨우 하게 됐다.

그 과정에서 남이 원하는 목표가 아닌 내가 원하는 목표를 세웠고, 목표를 이루기 위해 이전과 다른 길을 걸으며 실패도 하고 벽에도 부딪혔다. 그렇게 고군분투하면서 상황을 하나씩 극복했고, 마침내 목표를 이뤘다. 그 과정을 돌이켜 보면 '생각하고 실현하고', '또 생각하고 실현하고'의 연속이었던 것 같다. 그래서 필명을 은퇴일기에서 생각실현가로 바꾸었다. 나의 삶이 생각과 실현의 연속이라는 의미이기도 하고, 스스로에게 하는 다짐이기도 했다.

50살을 대비하기 위해 내가 정한 목표는 '경제적 자유'다. 3년 동안 상가 투자, 원룸 신축, 태양광발전사업을 하며 목표한 월별 현금 흐름을 만들고 퇴사했다. 어느 날 문득 '어떻게 여기까지 올 수 있었을까'를 생각했다. 내가 투자한 기간 동안 부동산 시장이 엄청 좋아서일까? 아파트 시장은 좋았지만 내가 투자한 상가와 원룸은 그다지 좋은 상황이 아니었다. 태양광발전사업도 리스크가 많다며 기피하는 투자처였다. 그렇다면 다른 사람은 모르는 나만의 특출한 투자 방법이 있었던 걸까? 나 역시 책 보고 강의 들으며 공부했을 뿐, 특별한 방법은 없었다. 그럼 운이 좋아서일까? 이건 어느 정도 맞다. 세상의 많은 일이 단순히 노력만으로 결정되지 않으니 말이다.

어느 정도의 공부, 그리고 운, 이것 외에 무엇이 작용했을까? 고민한 끝에 깨달았다. 나는 궁극적으로 포기하지 않고 목표를 향해 계속 무언가를 하고 벽에 부딪힐 때마다 극복하기 위한 방법을 찾고 실행했었다. 중요한 것은 지식이나 경험이 아니라(물론 이것도 중요하지만) 일련의 행동습관이라는 사실을 목표를 향해 가며 발견했다.

블로그를 하고, 또 강의를 하며 수많은 사람을 만났다. 나처럼 나이를 먹고 직장생활을 얼마나 오래 할 수 있을지 걱정하는 분도 수없이 만났다. 어디로 가야 할지 방법을 모르는 분들에게 내가 해온 과정을 소개하고 싶었다. 목표를 세우고, 어떻게 하면 목표를 달성할 수 있을지에 대해 계속 브레인스토밍하고, 그 해결의 단초를 가진 사람을 만나기 위해 끊임없이 노력하고, 시험 삼아 몇 가지 해보고, 계속 수정하는 작업, 이것이 내가 원하는 것을 이룰 수 있게 한 유일한 방법이다.

아무것도 하지 않으면 아무 일도 일어나지 않는다. 현재의 삶이 원하는 삶이 아닌가? 그렇다면 원하는 삶을 생각하고 움직여야 한다. 내가 바뀌지 않으면 당연히 내 삶도 바뀌지 않는다. 지금 직장생활이 힘든데 10년 후라고 쉬울 리 없다. 지금 사업이 힘든데 10년 후라고 다를 리 없다.

오늘과 다른 내일을 살기 원하는 분들, 3년 정도 정말 빡세게 (말 그대로 빡세게) 앞으로 달려갈 분들, 현재의 삶과 정말 다른 삶을 살기 원하는 분들에게 이 책이 조금이나마 보탬이 되면 좋겠다.

생각실현가

박상태

| Chapter 1 | **다른 삶을 살 수 있을까?** : 만족스럽지 않은 현재

| Chapter 2 | **경제적 자유로 향하는 길 : 목표를 설정하라**

| Chapter 3 | **부의 프레임을 완성하라**
             : 탄탄하게 목표에 다다르는 법

다른 삶을 살 수 있을까?

: 만족스럽지 않은 현재

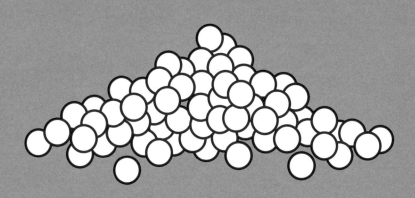

생각만 깨어 있는
직장인

2016년 즈음의 어느 날, 출근하기 전에 가족과 함께 아침 식사를 하고 있었다. 여느 날과 같이 그날도 아이들에게 신나게 사업 구상을 늘어놓고 있었다.

"얘들아, 아빠가 얼마 전에 옆 단지 아파트 상가의 '바르다 ◯ 선생'으로 김밥을 사러 갔다가 생각난 건데, 한번 들어볼래?"

"아니요, 안 들을래요!"

초등학교에 들어가기 전만 해도 아빠가 하는 말이라면 열 일 제치고 들으면서 "우와, 우와!"를 쉴 새 없이 외치던 아이들이었는데 이제는 내 이야기가 재미없나 보다. 그렇다고 말을 안 할 내가 아니다. 안 듣겠다는 말을 못 들은 척하고 하고 싶은 말을 이어 나갔다.

"우리 단지 내 상가에는 맛있는 김밥집이 없잖아. 일반 분식집밖에 없으니까 프리미엄 김밥집을 내는 거야. 가격은 좀 비싸더라도 재료를 좋은 걸 쓰면 가족 건강을 생각하는 아줌마들이 많이 찾아오지 않을까? 매번 옆 단지 상가까지 가는 게 아주 번거로웠을 테니까! 우리 한번 해볼까?"

기대에 가득 차 흥분해 있는 나와 달리 아이들은 심드렁하게 대답했다.

"아빠! 어차피 안 할 거잖아요."

아이들의 말이 순간 내 가슴팍에 꽂혔다. 그와 동시에 '그건, 그래…'라는 생각이 머릿속을 가득 채웠다. 예전부터 나는 사업 아이디어(공유배달업이나 대치동 학원가를 돌고 오는 학원 셔틀업 등)를 자주 떠올렸고, 그중에서 괜찮을 것 같다는 생각이 들면 아이들에게 자주 이야기하곤 했다. 아이들은 그때마다 "오! 아빠 그거 괜찮은데요. 잘 될 것 같아요."라고 말하곤 했는데, 나는 단 한 번도 아이디어를 실행에 옮긴 적이 없었다.

말만 많고 행동하지 않는 사람,
그게 나였다

늘 그렇게 이야기만 늘어놓고 아무 일 없었다는 듯이 다시 출근했다. 아이디어가 아이디어에 머무르다 사라지길 수차례, 아니 수십 차례. 아이들은 그 과정이 반복되는 걸 보면서 내가 하는 이야기가 실행되지 않을 거란 걸 깨달았다.

그날 아침, 아이들이 나에게 "아빠! 어차피 안 할 거잖아요."라고 말한 속뜻은 '어차피 하지도 않을 거면서 뭐 하러 그리 길게 이야기하느냐'라는 의미였을 것이다. 누군가 그랬다. 아이들에게 비친 모습이 진짜 그 사람의 모습이라고. 나는 아이들에게 '말만 늘어놓을 뿐 실제로 행동하지는 않는 아빠'였다.

아이들 앞에서는 껄껄 웃으며 호기롭게 "할 거야, 할 거라고!"를 외쳤지만, 출근하면서 곰곰이 나에 대해 생각해봤다. 사실 아이들 말이 맞았다. 나는 출근하면 온종일 회사 일로 정신이 없었고, 당장 하루하루 어떻게 실적을 올려야 하나 그 고민만으로도 머릿속이 복잡했다. 당연히 생각했던 아이디어를 실행할 틈이 없을 터였다. 그렇게 생각만 많이 할 뿐 행동은 하지 않는 일상을 보내고 있었다.

마흔 살에 가까워서야 처음으로 나의 이런 모습과 마주했다. 그리고 인정할 수밖에 없었다. 나는 행동하는 사람이 아니었다. 말만 주저리주저리 할 뿐, 번뜩이는 아이디어든 돈을 벌 수 있는 사업 아이템이든 간에 실제 해보려는 어떤 노력도 하지 않는 사람이었다.

종종 친구나 동료들과 함께 하는 저녁 모임에서 새로운 스타트업 이야기가 나오면 "아, 저 아이디어 내가 5년 전에 생각했던 건데…, 아깝다!"라는 말을 입에 달고 다녔다. 아깝기는 무슨, 해보지도 않은 사람이 뭐가 아깝단 말인가. 구슬이 서 말이라도 꿰어야 보배이거늘, 맨날 구슬만 바라보면서 '난 왜 남들처럼 보배가 없을까?' 하고 한탄하는 사람이 바로 나였다.

변화가 필요했다. 무슨 변화를 어떻게 해야 할지 감이 오지 않았지만, 변화가 필요하다는 사실만은 분명했다. 그리고 이번에 바꾸지 않는다면 영원히 바꿀 수 없을 것 같다는 생각마저 들었다. 어디선가 이런 소리가 들려왔다.

'지금 달라지지 않으면 너는 영영 같은 곳을 맴돌게 될 거야.'

더 이상 싫어하는 일을
하고 싶지 않다

30대까지 나는 자신감에 가득 차 있었다. 서울 소재의 괜찮은 대학을 다녔고, 졸업 후엔 이름만 들으면 다 알 만한 좋은 직장에 들어갔다. 사원 때부터 '너 일 좀 하는구나'라는 소리를 자주 들었다. 같은 연차 직원에 비해 연봉도 많았고 승진도 빨랐다. 남들보다 나스스로 잘났다고도 생각했다.

40대에 들어서기 전, 다니던 자산운용사에서 팀장이라는 직함을 달았다. 팀장이 되어서도 이전처럼 승승장구할 거라 자신했다. 그러나 팀장 3년 차 즈음, 그런 자신감은 소리소문없이 사라졌다.

내가 실무자일 때 일을 잘한다고 인정받았던 것은 남들보다 숫자 감각이 조금 더 뛰어나고, 엑셀이나 파워포인트 같은 기본 프로그램을 잘 다뤘기 때문이다. 그래서 기획서나 분석 자료를 만들 때 내가 가진 그 능력이 유용했다. 그러나 팀장은 더 이상 실무를 메인으로 하는 자리가 아니다. 회사에서 팀장에게 요구하는 것은 팀 전체의 실적을 올리는 일이다.

자산운용사에서 능력 있는 팀장이란? 부동산 중개 에이전트와 좋은 관계를 맺어 좋은 부동산 매물을 확보하고, 그 매물을 부동산펀드로 매입하기 위해 고객(돈을 가지고 있는 투자기관)과 좋은 관계를 맺어 투자를 잘 유치하는 사람이다. 그 역할을 내가 잘 해냈냐고 묻는다면, 아니었다.

내가 잘할 수 없는 일,
그리고 하고 싶지 않은 일

사회생활에 필요한 대인관계에 크게 어려움을 겪진 않았다. 별로 모나지 않게 학창 시절을 보냈고 직장생활도 무난했다. 그러나 '사람과 관계 맺기를 잘하느냐'라고 대놓고 묻는다면 그리 잘하진 못했다. 일상에 지장이 없을 정도로만 관계를 유지하는 수준이었다.

사실 나는 사람을 만나 관계를 맺는 데 서툰 편이다. 누군가에게 아쉬운 소리하는 걸 싫어하고, 저녁에 만나 술 마시며 '형, 아우' 하는 것도 좋아하지 않는다. 주말에 고객과 골프를 치며 어울리기보다 혼자 한강에서 자전거 라이딩을 하는 게 훨씬 즐겁고 편하다.

직장생활이라는 게 내가 잘하거나 좋아하는 일만 할 수 없다는 걸 누구보다 잘 알고 있다. '월급을 받는다'는 의미는 '싫어하는 일도 하고 싫어하는 사람도 만나야 한다'라는 전제를 내포하고 있다는 것도 안다. 그런데 엑셀을 작성하며 월화수목금금금을 야근할 때는 나름 버틸 만했는데, 사람들과 만나 술 마시며 웃는 자리는 해가 거듭될수록 정말 못 버티겠다는 생각이 들었다.

'내가 이런 걸 정말 싫어하고 못 하는 사람이구나'를 깨달았을 때, 나는 이미 다른 팀장들에 비해 뒤처져 있었다. 매년 연말이 되면 회사에선 실적이 좋은 팀을 치하하는 자리를 마련한다. 우리 팀은 매번 다른 팀을 축하하는 박수만 치고 있었다. 나보다 직급이 아래였던 사람이 내 위의 본부장으로 올라서기 시작했고, 다른 팀장들보다 높았던 내 연봉은 어느새 그들과 비슷해졌다.

나는 무엇을 잘하는
사람인가

　　　　　　　　이런 상황을 연달아 겪은 후
그때부터 내가 싫어하는 것과 잘 못하는 것을 생각해보기 시작했
다. 나이 마흔이 다 돼서야 이런 생각을 한다는 것이 참 우스웠다.
40년을 살았는데 아직 나 자신에 대해 잘 모른다는 게 말이다.

　나는 술 먹는 것을 싫어하고 영업하는 것을 싫어한다. 사람들
과 어울리는 건 즐겁지만, 그 시간이 3시간을 넘어가면 정신적으
로 피곤함을 느낀다. 또 누군가와 비교당하는 것이 정말 싫다. 매
년 성과로 평가받아야 하는 회사 시스템도 좋아하지 않는다.

　반면 숫자를 분석하는 일에 재미를 느낀다. 어떤 자료를 만든
뒤 그 안에서 의미를 찾아내는 일도 좋아한다. 또 누군가의 지시
를 받아 일하기보다 스스로 문제를 찾아내고 그것을 해결하는 걸
즐기는 편이다.

　이렇게 내가 싫어하는 일을 하나하나 끄집어내자 회사생활이
점점 더 힘들어졌다. 하기 싫은 걸 억지로, 돈을 벌기 위해 해야
한다고 생각하니 더 그랬으리라. 그래도 어쩔 수 없었다. 나는 외
벌이 가장이었고 두 아이의 아빠였다. 아이들은 이제 초등학교 3
학년과 6학년, 앞으로 학원비다 뭐다 해서 돈이 뭉텅이로 들 터

였다. 지금부터 한참을, 최소한 아이들이 대학을 졸업할 때까지는 많은 돈이 필요하다. 게다가 반전세를 살고 있어 매달 월세도 내야 했다. 회사를 그만둘 수 없는 현실이었다.

하지만 계속 이렇게 살아야 하는 걸까? 문득 얼마 전, 아이들과 집밥집 이야기를 나누던 때가 떠올랐다.

"너희들이 보기에 아빠 어떤 사람 같아?"

"음, 우리한텐 이렇게 해라, 저렇게 해라 말하면서 아빠는 아무것도 안 하는 사람?"

아이들의 눈에 비친 나는 매일 말만 하고 행동하지 않는 사람이었다. 맞다. 지금의 내 모습이었다. 회사 일이 나와 맞지 않는다며 불평불만은 많지만 그 어떤 행동도 하지 않는 사람, 월급이라는 달콤함에 못 이겨 그냥 잘리기 전까지 어떻게든 버틸 생각만 하는 사람. 한데 이게 과연 내가 원하는 모습인 걸까?

더 이상 이렇게 살고 싶지 않았다. 이런 아빠이고 싶지 않았다.

"최소한 뭐라도 좀 해보자!"

이 말이 입 밖으로 툭 튀어나왔다. 지금의 생활이 만족스럽지 않다면 이를 타파하기 위해 뭐라도 해봐야 하는 게 아닐까? 그러고 나서도 안 될 때 깨끗이 포기하는 게 덜 후회되지 않을까? 월급을 위해 회사에 다니는 것도 나쁘진 않다. 그게 바로 가장의 역할 아닌가. 그러나 '아무것도 해보지 않고 그냥 이렇게 살지는 말자. 해볼 수 있는 건 뭐든 해보고 결정하자. 후회하더라도 그게 낫다!'라며 그날 나는 굳게 마음먹었다.

다시 회사로
돌아오지 않기 위해

3년이 지나고 2019년 말, 드디어 회사를 나왔다. 결심을 행동으로 옮겼던 그 기간 이후 믿기 힘든 일이 벌어졌다. 회사의 월급 없이도 월 2,000만 원 정도의 돈이 꾸준히 통장에 쌓이고 있는 것이다.

이뿐만이 아니다. 더는 다른 팀, 다른 사람들과 비교당하지 않는다. 술을 마시며 누군가의 비위를 맞추는 일도, 아쉬운 소리를 해야 하는 일도 사라졌다. 새벽에 출근하기 위해 알람을 맞추고 자지 않아도 되고, 사람들로 가득 차 옴짝달싹 못하는 9호선 지하철을 타고 여의도로 출퇴근하는 일도 없어졌다.

내 삶은 자유로워졌다. 이제 아침에 눈을 뜨면 느긋하게 출근

준비를 한다. 식사를 마치면 차를 타고 집에서 5분 거리에 있는 내 사무실로 출근한다. 아파트 지하주차장에서 사무실 지하주차장으로 들어가니 집을 나설 때 날씨가 추운지, 비가 오는지 확인할 필요도 없다. 이런 삶도 가능했던 것이다. 맨날 꿈만 꾸던 삶이 실제 눈앞에 펼쳐진 것이다. 대체 3년 동안 나에겐 무슨 일이 일어난 걸까?

누군가의 뒷모습을
닮지 않기 위해

앞으로 회사를 떠날 내 모습을 그려보자 나보다 먼저 회사를 나간 선배들이 하나둘 떠올랐다. 40대 초중반이 되면 자기 일을 해보겠다며 퇴사하는 이들이 종종 있다. 정말 본인만의 사업 기회를 찾은 것일 수도 있고, 회사에서 조금씩 뒤로 밀려가는 자신의 상황에 화가 나 사표를 던진 것일 수도 있다.

사실 승진에서 뒤처지기 시작하면 나름 자신을 유능하다고 생각했던 사람들은 그 현실을 잘 받아들이지 못한다. 그런 이유로 호기롭게 개인 사업을 하겠다며 회사를 떠나지만, 그중 절반 이상은 다시 업계로 돌아온다. 송별회를 거하게 한 후 6개월, 1년 뒤에 회사를 다니는 선배와 마주친 경험이 한두 번이 아니다.

왜 돌아오게 된 걸까? 퇴사하고 사업을 시작하면 처음 1~2개월은 정신없이 보낸다. 사무실을 마련하고 사업자등록을 하는 등 이런저런 준비를 하다 보면 시간이 어떻게 가는지 모를 정도로 바쁘다. 그리고 몇 개월은 수입을 만들어내기 위해 열심히 뛰어다닌다. 이 사람, 저 사람을 만나며 기회를 찾는 것이다.

그러다 조금씩 깨닫는다. 자신이 이전에 일을 잘할 수 있었던 까닭은 회사의 이름값이 상당 부분 작용했다는 사실을. 예전에는 잘 만나주던 사람들이 하나둘 피하는 게 느껴지고, 힘들게 프로젝트를 따냈지만 하루 이틀 만에 일이 엎어지기도 하고…. 그렇게 6개월이란 시간이 훌쩍 지나가 버린다.

이때쯤 되면 대부분 뭔지 모를 압박을 느끼기 시작한다. 아무도 뭐라 하지 않고 아직 통장에 잔고가 남아 있는데도 말이다. 기본적인 생활비와 아이들 교육비가 매달 통장에서 칼같이 빠져나가고 매출은 일어나지 않지만 사무실 유지비용은 계속 든다. 비즈니스를 위해 사람들을 만나면 점심, 커피 하물며 저녁 식사 비용까지 들어간다. 예전에는 회사 법인카드로 그 모든 비용을 충당했지만 이제는 오롯이 본인 돈을 써야 한다. 이렇게 매일 줄어

드는 돈을 체감하다 보면 '그래도 회사 다닐 때가 좋았어, 안정적이었지'라며 과거를 그리워하게 된다. 그리고 결국 회사를 나간 지 채 1년도 못 되어 업계로 돌아오게 되는 것이다.

나는 다시 업계로 돌아오고 싶지 않았다. 그래서 계속 나와 맞지 않는 옷을 입고 있다고 생각하면서도 퇴사를 결심하기가 두려웠고, 실행하지 못했다. 그러다 더 이상 이렇게 살 순 없겠다는 생각이 고개를 드는 날이면 다시 돌아온 선배들의 모습이 떠올랐다. 그런 모습을 절대로 닮고 싶지 않았다.

한번 나가면 죽이 되든 밥이 되든 회사 밖에서 살아남아야 한다고 생각했다. 다시 돌아오지 않기 위해 무엇을 준비해야 할까? 뭐가 필요할까? 그 고민에 대한 해답은 '매달 들어오는 안정적인 수입'이었다. 그게 내 1차 목표가 되었다.

3년 만에
월 2,000만 원, 드디어
경제적 자유를 얻다

안정적인 수입. 내가 하고자 하는 일에서 당장 매출이 나오지 않더라도 다른 루트를 통해 들어오는 일정한 수입이 필요했다. 그럼 대체 얼마가 필요할까? 먼저 우리 집 생활비가 매월 얼마 정도 들어가는지 살펴보기로 했다. 월세와 네 식구의 식비, 관리비, 아이들 학원비, 각종 경조사비, 기타 예비비 등을 따져 보니 대략 600만 원 정도였다. 매월 이 정도의 금액이 마련되면 부담 없이 퇴사할 수 있겠다는 생각이 들었다.

Chapter 1. 다른 삶을 살 수 있을까?

월 600만 원을
만들어내자

월급 말고 월 600만 원을 어떻게 만들어 낼 것인가. 고민 끝에 우선 부동산 투자를 통해 만들어 보기로 했다. 이유는 크게 세 가지였다. 첫째, 3년 동안 회사에 다니면서 가외 시간만으로 가능한 일이어야 한다. 즉 직장생활과 병행하기에 무리가 없어야 한다. 그러려면 매일 혹은 매주 단위로 일정한 물리적 시간이 필요한 사업보다 한 번 세팅해 놓으면 그 이후에는 따로 시간을 들이지 않아도 되는 부동산 투자가 적합하다고 여겨졌다.

둘째, 퇴사 후 사업이든 뭐든 내가 원하는 일을 하려면 그것에 전념할 시간이 필요하다. 그런데 수입을 만들어내기 위해 계속 시간을 들여야 한다면 원래의 목표와 맞지 않는다는 생각이 들었다. 주식의 대부 워런 버핏Warren Buffett은 "잠자는 순간에도 돈이 벌리는 구조를 만들지 못한다면 죽을 때까지 일해야 한다."고 말하지 않았던가. 그의 말처럼 안정적인 수입은 수동적 소득Passive Income으로 내가 자거나 놀고 있는 동안에도 들어오는 수입이어야 한다.

셋째, 내가 지금까지 해온 일이 바로 부동산 펀드매니저다. 10

년 넘게 해왔으니 다른 사람들보다 부동산 투자를 더 잘할 수 있을 거라는 왠지 모를 자신감이 들었다. 회사에서 하던 주 업무는 사실 오피스빌딩 투자였다. 기본적으로 몇백억, 몇천억 규모를 다루는 투자라 내가 할 수는 없을 테고, 개인이 할 수 있는 상가나 오피스텔, 지식산업센터 등에 투자해야 할 것이다. 그래도 수익형 부동산의 기본 개념이나 부동산 가격이 어떻게 올라가고 내려가는지 그 구조를 알고 있어 수익을 내는 데 남들보단 더 유리할 거란 생각이 들었다. 맨땅에 헤딩하는 것보다는 나을 테니 말이다.

상가, 태양광 그리고
꼬마빌딩

그렇게 2016년, 상가 투자를 하기 위해 공부에 돌입했다. 나에게 경제적 자유를 가져다줄 파이프라인의 첫 단추로 상가 투자를 선택한 것이다.

나는 조심성이 많은 편이다. 직감만 믿고 '지르는' 스타일의 사람이 절대 아니다. 돌다리도 심하게 두드리는 성격이다. 꼼꼼하게 조사하고 몇 번이나 검토한 뒤에도 나 스스로 강한 확신이 들지 않으면 결정을 내리지 않는다. 그러다 보니 처음 하는 상가투자에서 버벅거릴 수밖에 없었다.

사실 상가 투자는 흔히 '상가 투자하다 상가喪家된다'라고 우스갯소리를 할 정도로 부동산 투자에서 가장 고수의 영역 중 하나다. 10년 넘게 회사를 통한 부동산 투자 경력이 있는 나에게도 상가 투자는 도전하기 힘든 벽이었다.

6개월 정도 이것저것 닥치는 대로 공부했다. 《대한민국 상가 투자 지도》, 《나는 집 대신 상가에 투자한다》, 《상가 투자 비밀 노트》 등 상가 투자와 관련된 도서를 수십 권 정독했다. 상가 투자 파워 블로거의 노하우도 찾아 샅샅이 훑었다.

현장에도 수시로 나가 상가 건물을 하나하나 눈으로 확인하고, 주변 상권을 둘러봤다. 상가별로 공실이 얼마나 되는지, 사람들의 동선은 어떻게 형성되어 있는지, 상권이 어느 정도 활성화되어 있는지 직접 확인했다.

주변 부동산중개업소도 빼먹지 않고 들렀다. 매매 물건이 얼마에 나와 있는지, 임대료는 얼마인지 꼼꼼히 물어보며 상가 매물을 분석했다. 그렇게 공부를 시작한 지 6개월 정도 지나서야 처음으로 상가에 투자했다. 첫 시도치고 성과가 나쁘지 않았다. 이어 그 이듬해까지 두 건을 더 계약했다.

상가 투자를 통해 월 400만 원 정도의 현금 흐름이 생기자 자신감이 차올랐다. 박차를 가하려 여러 상권에 관해 공부하던 중 새로운 사실을 알게 됐다. 상권이 망가지면 공실이 많아지는데 이때 상가 소유주가 할 수 있는 게 별로 없다는 것이다.

실제 상권이 무너지면서 공실이 많이 생긴 곳을 접할 수 있었는데, 대표적인 곳이 바로 광화문 옆 북촌 지역이다. 그곳은 한때 발 디딜 틈 없을 정도로 상권이 발달해 있었는데 어느 날 저녁에 가보니 빈 상가들이 꽤 눈에 띄었다. 어떤 건물은 몇 개의 층이 모두 다 비어 있었다. 상권이 무너지기 시작하면 구분상가(상가건물 전체가 아닌 호수별로 소유권을 나눠 놓은 상가) 소유주들은 상권의 흐름을 되돌릴 수 없다. 그때 '상가로만 투자 목록(포트폴리오)을 구성해 놓으면 안정적이지 않겠구나'를 깨달았다.

상가 투자 이외의 다른 투자들로 포트폴리오를 분산해야겠다는 생각이 들었다. 사실 상가 3곳에 투자하면서 종잣돈으로 가지고 있던 4억 원 남짓했던 자금(2005년 신혼 초에 장만했던 아파트를 2013년에 팔면서 생긴 자금)도 다 떨어졌기 때문에 소액의 자금으로 할 수 있는 투자를 알아보기 시작한 터였다. 이런저런 조사를 하며 한참을 찾다 보니 두 가지 종류의 투자가 눈에 들어왔다. 자금은 적게 들어가면서 꽤 높은 월세수익을 얻을 수 있는 투자처였다.

하나는 태양광발전사업이었다. 업무로 알게 된 투자기관 담당자가 태양광발전사업 PF^Project Financing 대출에 대해 이야기해주었다. 그의 말에 따르면, 태양광발전사업은 자기 소유의 땅이 있으면 큰 자금 없이 높은 대출을 일으켜 할 수 있는 투자처였다. 운이 좋게도 나는 조경업을 하시던 아버지가 가진 나무농장 땅을 레버리지 삼아 태양광발전사업을 준비할 수 있었다. 태양광발전사업을 하기 위한 일련의 절차들을 밟기 시작했다. 발전 허가를 받고 개발 행위를 진행하고 장기고정계약 입찰에 들어가고 시공 및 준동 등을 진행하느라 2년 정도가 걸렸다. 자금이 아무리 적게 들어간다 해도 기본 자금은 필요했기에 갖고 있는 상가를 하나 팔아 자금을 충당했다. 또 하나는 꼬마빌딩(다가구/다세대)을 신축해서 월세를 놓는 방법이었다. 꼬마빌딩이 자금 회수가 좋은 이유는 신축 시 대출이 많이 나오기도 하고, 일부 가구의 임대를 월세가 아닌 전세로 놓으면 자금을 회수할 수 있기 때문이다. 게다가 매월 월세 수입도 얻을 수 있다.

이렇게 지난 3년 동안 몇 가지 투자를 진행했는데 어느 하나 실패 없이 잘 돌아가고 있다. 이제 내 통장에는 상가에서 월 200만 원, 태양광에서 월 1,000만 원, 꼬마빌딩에서 월 300만 원 정도의 수입(월세에서 이자 차감 후 수입)이 들어온다. 그리고 투자했던 경험을 바탕으로 강의도 하고 있는데, 강의료로 월평균 500만 원 정도의 수입을 올리고 있다.

3년 동안
내가 배운 것

내가 3년 동안 해온 이런저런 투자 방법을 알려준다면 다른 사람도 똑같이 따라 할 수 있을까? 아니라고 생각한다. 내가 한 투자 중 일부는 이제 더 이상 따라 할 수 없는 환경이 됐고, 몇 번의 투자를 통해 투자 방법만 안다고 성공할 수 없단 사실을 깨달았기 때문이다.

세상은 계속 변한다. 3년 동안 정부의 세금 규제, 대출 규제도 엄청나게 변했고 투자 환경도 완전히 달라졌다. 우리에게 필요한 건 일회성 투자 방법이나 일회성 사업 아이템이 아니다. 어떤 목표를 정하고 그 목표를 어떻게 달성할지 아는 것이 가장 중요하다. 그것만 안다면 어느 시간, 어느 환경 속에 있어도 원하는 바를 이룰 수 있기 때문이다. 도달하고 싶은 곳이 어디인지 안다면 방법은 찾을 수 있다.

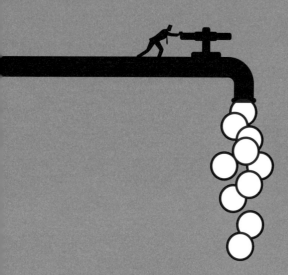

Chapter 2

경제적 자유로 향하는 길

: 목표를 설정하라

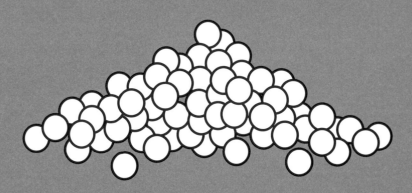

손에 잡힐
목표를 정하라

잠실에서 여의도로 가기 위해 자동차 내비게이션을 켰다. 바로 앞 사거리에서 좌회전을 할지, 직진을 할지, 우회전을 할지 입력했다. 그러고 나서 올림픽대로를 탈지, 춘천양양고속도로를 탈지 결정한다. 그런 다음 비행기로 갈지, 차로 갈지, 자전거로 갈지 선택한다. 그렇게 하나씩 결정한 후 마지막으로 목적지를 여의도에 있는 국민일보 빌딩으로 입력한다.

말이 되는 이야기인가? 당연히 말도 안 된다. 내비게이션을 켜고 가장 먼저 할 일은 목적지를 입력하는 것이다. 우리가 내비게이션을 켜면 가장 먼저 무엇을 하는지 한번 떠올려보자.

● 목적지에 이르는 길은 하나가 아니다.

　요즘 내비게이션은 목적지를 입력하면 어떤 길로 갈지 몇 개의 경로Option를 제시한다. 최소거리로 갈지, 무료 경로를 이용해서 갈지, 큰 도로 위주로 갈지 등을 제시한다. 원하는 경로를 선택하면 그제야 500미터 앞에서 좌회전을 해야 할지, 직진을 해야 할지 알려준다.

　목표를 정해야 그 길은 어떻게 갈지 고민할 수 있고 그 길을 고민해야 구체적인 수단을 생각할 수 있다.

●목적지가 결정되어야 지금 어디로 가야 할지가 정해진다.

3년 후
목표를 정하라

말도 안 되는 내비게이션 설정 방법을 이렇게 장황하게 설명한 이유는 목표 달성의 과정도 이와 같아야 하기 때문이다. 그런데 많은 사람이 처음에 말한 내비게이션 설정 방법처럼 하고 있다. 목적지를 입력하지 않고 일단 차를 몰고 나가 바로 앞에서 우회전, 좌회전을 결정하는 식이다. 즉, 내일 당장 무엇을 해야 할지부터 고민하는 것이다. 어디로 가야 할지도 모르면서 말이다. 인생의 큰 변화를 원하는 사람은 이렇게 해선 안 된다.

지금까지 살던 삶과 다른 삶을 꿈꾸는 사람에게 나는 3년 후 목표를 정해보라고 말한다. 어떤 목표여도 좋고, 목표가 여러 개여도 좋다. 사람이 3년이란 시간 동안 한 가지 목표에만 매진하는 것도 이상하지 않은가.

왜 하필 3년일까? 사실 어떤 목표를 달성하는 데 걸리는 시간은 개인별로 차이가 있을 수 있다. 자신에게 적절한 기간을 설정하면 된다. 그러나 맨땅에 헤딩하는 기분으로 목표를 설정하는 경우 나는 3년을 추천한다. 내 경험상 3년 정도가 너무 짧지도, 너무 길지도 않았기 때문이다.

10년짜리 계획은 현실성이 떨어진다. 10년 전을 생각해보자. 부동산을 예로 들면, 2010년대 부동산 시장은 글로벌 금융위기 이후 끝났다고 평가받았다. 앞으로 인구가 줄기 때문에 폭락할 일만 남았다며 이제 부동산으로는 돈 벌기 어렵다는 의견이 대다수였다. 그러나 그로부터 10년 뒤 부동산 시장은 폭발했고, 자산 가치는 상상할 수 없을 만큼 뛰어올랐다.

회사에 다닐 때 연말이 되면 항상 10년 사업계획을 세우곤 했다. 그런데 몇 번 작성하다 보면 계속 뜬구름 잡는 소리만 쓰게 된다. 뭐가 어떻게 될지 예측할 수 없기 때문이다. 여러 수치를 엑셀에서 숫자 자동채우기로 늘려버린다. 10년이란 시간은 보고서를 작성하는 사람에게도, 그 보고서를 읽는 사람에게도 현실성이 떨어진다. 현실성이 떨어지면 지금 당장 무엇을 해야겠다는 생각도 하기 어렵다. 조급하지 않기 때문이다.

1년 동안 아무것도 한 게 없어도 머릿속엔 '아직 9년이나 남았는데, 뭘'이란 생각이 든다. 인간이기 때문이다. 10년이란 시간은 많은 것을 변하게 한다. 시장이 변하고 산업이 달라진다. 글로벌 기업도 10년 뒤 망하는 곳이 속출하는데 하물며 한 개인이야 더 말할 나위가 없다. 개인이 10년 뒤 목표를 세우고 거기에 도달할 방법을 세워봤자 계속되는 시장 환경의 변화에 목표를 변경하기 일쑤일 것이다.

배우기도 실행하기도
1년은 짧다

그렇다면 1년은 어떨까? 대단히 똑똑하고 실행력과 의지력이 강한 사람이라면 1년 만에 원하는 목표를 달성할 수도 있다. 그러나 현실적으로 생각할 때 평범

한 사람이 1년 만에 인생을 바꾸기는 쉽지 않다. 이전과 다른 삶을 준비하고 있다면 배워야 할 것도, 실행하고 수정해야 할 것도 생각보다 많다. 그 많은 것을 12개월 안에 하나하나 해내는 건 매우 어렵다. 물리적인 시간 자체가 부족하기 때문이다. 밥 먹고, 자고, 쉬고, 공부하고, 사람 만나고, 행동하고… 이전에 하던 루틴을 버리고 새로운 루틴도 만들어가야 하는데 1년이란 시간은 턱없이 부족하다.

또한 1년으로 목표를 세우면 급한 것이나 당장 할 수 있는 작은 것에만 집중할 가능성이 높다. 예를 들어 3년 뒤 목표를 월 500만 원 수입이라고 가정해보자. 그러면 1년 뒤에는 월 50만 원, 2년 뒤에는 월 200만 원, 3년 뒤에는 월 500만 원, 이런 식으로 첫 1년의 목표를 낮게 설정하면서 준비 기간을 둘 수 있다. 처음에는 아무것도 모르기 때문에 배워야 할 것도 많고 당장 수익에 직결되지 않더라도 경험을 쌓는 일에 시간을 투자할 필요가 있다.

직장만 다니던 사람이라면 사업자등록을 하는 데 한 달이 걸릴 수도 있다. 어떤 업태로 해야 하는지, 어떤 업종으로 해야 하는지, 어디 가서 등록해야 하는지 알아봐야 한다. 또 사업자로 수입이 생기면 종합소득세와 부가가치세를 어떻게 처리해야 하는지 조사해야 한다. 어떤 세무사에게 가야 하는지, 적정 세무비용은 얼마인지도 알아봐야 한다. 지금 나는 사업자등록을 하루 만에 처리할 수 있지만, 처음에 할 때는 각종 용어가 무슨 말인지 몰라 당황했었다. 어떤 일이든 처음 하는 일은 낯설기 때문에 습득하는 시간이 필요하다.

그런데 1년 뒤 목표를 월 200만 원이라고 무리하게 정하면 어떻게 될까? 이제 걸음마를 뗀 아이가 마라톤을 해야 하는 것과 같다. 준비하고 연습하는 과정에서 뭔가 잘못될 상황을 염두에 두어야 한다. 그런 의미에서 목표는 3년 뒤로 정하고, 1년 차 목표는 조금 낮게 잡길 권한다. 그래야 생각의 폭이 1년 후를 생각할 때보다 더 넓어지고, 목표를 실현할 수 있는 다양한 아이디어를 떠올릴 수 있다.

3년 후 어떤 삶을 살고 싶은가? 그 길을 어떻게 걸어갈 것인가? 한번 고민해보자.

당신의 목표는
무엇입니까?

3년 후 당신의 삶이 어떤 모습이길 원하는가? 지금 당장 잘 생각이 나지 않을 것이다. 이런 생각을 늘 하면서 사는 사람이 얼마나 되겠는가. 현재의 내 모습이 싫지만, 그렇다고 미래에 어떤 모습이길 원하는지 그려보지 않았을 수도 있다. 혹은 내가 무엇을 원하는지 모를 수도 있다.

도무지 원하는 모습이 생각나지 않는다면 이 책을 잠시 덮고 일주일 동안 천천히 생각해보자. 내가 무엇을 원하는지, 어떤 삶을 살길 원하는지. 나는 목표를 설정하기 위해 먼저 지난 일주일 동안 하기 싫지만 해야 했던 일을 노트에 쭉 적었다.

- ☑ 술자리가 너무 늦게 끝나 피곤했던 일

- ☑ 술 먹고 속이 안 좋았던 일

- ☑ 잘 알지도 못하는 투자기관에 전화해서 미팅 한 번 해달라고 부탁한 일

- ☑ 고객사에서 내일 회사 내부에 쓸 보고자료를 본인 대신 빨리 만들어 달라고 요청받은 일

- ☑ 일을 잘 못 하는 팀원에게 쓴소리한 일

'왜 좋아하는 일이 아니라 싫어하는 일을 적었을까?' 궁금해할수 있다. 누군가는 좋아하는 일을 적는 것이 목표 설정에 더 도움이 될 수 있다. 좋아하는 일이든 싫어하는 일이든 더 빨리, 더 많이 생각나는 것을 적으면 된다.

나는 좋아하는 일보다 싫어하는 일을 생각했을 때 더 많이, 그리고 빠르게 적을 수 있었다. 일을 하면서 좋아하는 것보다 특별히 싫어하는 일이 많아 그랬던 것 같다. '저런 일들을 하지 않는다면 내가 좋아하는 일을 더 잘할 수 있을 텐데…' 이런 생각을 평소 자주 했기 때문이다.

노트에 적든, 컴퓨터에 적든 상관없다. 다만 꼭 적어서 보기 바란다. 그냥 머릿속으로 떠올리는 것만으론 부족하다. 이런저런

것들을 적은 후 나열한 것을 쭉 보다 보면 여러 생각이 들 것이다. 이전까지 인식하지 못했던 자신의 모습이 보이면서 스스로가 어떤 사람인지 대강 파악하게 된다. 이런 것을 잘하고 좋아하는구나, 저런 것은 정말 싫어하는구나 하는 것이 보인다. 바로 그 지점에서 지금 이 삶을 계속 유지할 것인지, 다른 삶을 살 것인지 고민해야 한다.

먼저 진짜 나의 모습과
마주하라

지난 일주일 동안 하기 싫었던 일을 써놓고 보니 내가 어떤 사람인지 대략 알게 됐다. 나는 남에게 아쉬운 소리와 싫은 소리 하는 것을 무척이나 싫어했다. 싫어하는 일을 별로 스트레스받지 않고 그냥 하는 사람이 있는 반면, 나는 엄청 스트레스를 받으며 꾸역꾸역 하고 있었다. 그리고 그런 내 모습을 보며 또 스트레스를 받았다.

영업을 위해 사람들과 관계 맺는 일도 힘들어했다. 이런 내 모습을 보니 앞으로 몇 년 후 내가 원하는 모습이 무엇인지 그려지기 시작했다.

'영업 능력보다 내 제품 혹은 서비스의 품질로 사람들에게 인정받고 싶다.'

'많은 직원과 함께 일하기보다 혼자 일하면 좋겠다.'

이렇게만 되면 스트레스가 확 줄어들 것 같았다. 이러한 생각들을 통해 도출된 목표는 나에게 맞는 일을 찾아 실제 최대한의 수입을 올리는 것이었다. 내가 좋아하고 잘할 수 있는 일을 찾아 그것으로 우리 가족이 먹고사는 것. 더 나아가 직장인으로 월급 받는 지금보다 더 많은 수익을 내는 것이 내가 가장 원하는 그림이었다.

이 목표를 현재의 내가 바로 해낼 수 있을까? 현실적으로 생각해봤다. 머릿속으로 '이 일은 반드시 잘 될 거야'라고 생각해 퇴사 후 그 일을 하는 것과, 퇴사 전에 조금씩 시도해보면서 수입을 올린 다음 퇴사 후 그 일을 본격적으로 하는 것은 큰 차이가 있다.

남의 돈을 버는 일은 절대 쉽지 않다. 안 해본 일을 하려면 수없이 많은 난관에 부딪힐 수밖에 없다. 그래도 회사에 다니며 월급 외에 월 100만 원이라도 들어오는 돈의 흐름을 만든다면 퇴사 후에는 더 큰 수입을 올릴 수 있을 거란 확신이 들었다. 회사에서 일하던 근무시간을 온전히 쓸 수 있을 테니 말이다. 그렇게 나의 목표를 조금씩 구체화했다.

안정적인 월수입이라는
거대한 목표

　　　　　　　　　3년 후 목표는 크게 두 가지로
압축됐다. 하나는 경제적 자유를 가져다줄 투자와 관련된 목표로
월 600만 원의 정기적인 수입이다. 이 600만 원은 우리 집 평균
생활비와 예비비를 감안해서 나온 금액이다. 사람마다 다를 수
있다.

월세 : 100만 원

생활비(식비, 각종 공과금 포함) : 250만 원

아이 교육비(초등생 2명, 학원 등) : 200만 원

예비비 : 50만 원

다른 하나는 나에게 맞는 일을 한 가지 찾고, 그것을 통해 월수
입을 만드는 것이다. 회사에 다니며 투자 외의 별도 수입을 만들
자는 생각인 만큼 우선 월 100만 원 수준에서 목표를 잡았다.

목표 1. 월 600만 원의 투자 수입 만들기

목표 2. 월 100만 원의 사업 수입 만들기

목표가 확실해지자 속이 후련해졌다. 목표의 방향성이 정해졌으니 이제 세부 경로를 고민할 시간이다.

목표를
떠올리는 법

목표를 정하는 게 중요하다고 이야기하면, 많은 사람이 "어떤 목표를 정해야 할지 모르겠어요."라고 말한다. 사실 나는 직장을 벗어나고 싶은 간절함이 커서 목표를 생각하는 일이 크게 어렵지 않았다. 그러나 사람에 따라 현재가 만족스럽지 않아도 어디로 나아가야 할지 모를 수 있다. 늘 살던 대로 관성에 따라 살면서 지향하는 목표를 찾지 못하는 경우도 있다. 이렇듯 어떤 목표를 정해야 할지 잘 모르는 사람들을 위해 몇 가지 가이드라인을 제시하면 다음과 같다.

첫째, 철학적인 주제로 빠지지 말자.

목표란 내가 하고 싶은 것이다. 잊지 말자. 하고 싶은 걸 정하는 아주 간단한 문제라고 생각하자. 가끔 목표에 대해 다른 사람들과 이야기하다 보면, 인생은 무엇이고 나는 무엇인가에 대한 철학적 주제로 빠지는 경우가 종종 있다. 그런 방향으로 가면 사실 끝이 없다. 인생을 어떻게 살지, 어떤 삶이 정답인지에 대한 논의는 내가 말하는 이 책의 목표와 큰 상관이 없다. 물론 중요한 부분이다. 하지만 그런 식으로 목표를 정하면 미궁으로 빠질 확률이 거의 100퍼센트다. 내가 몇 년 안에 해내고 싶은 것을 적는다고 생각해야 목표를 떠올리기 쉽다.

만약 어떤 강아지가 갑자기 내 앞으로 와서 "저는 왜 사는 걸까요?"라고 묻는다면 나는 "그냥 오늘 뭐 먹을지나 고민하자."라고 답할 것이다. 인간도 어차피 하나의 동물일 뿐이다. 내 존재에 대한 너무 깊은 철학적 주제로 빠지는 걸 경계하자. 우리는 내가 원하는 몇 년 후의 모습과 그것을 실천하기 위한 방법, 이 두 가지에만 집중하면 된다.

둘째, 롤모델을 찾는다.

당신의 인생을 지금 누군가와 바꿀 수 있다면 누구와 바꾸고 싶은가? 이때 떠오르는 누군가가 있다면 그 사람이 바로 당신의 롤모델이다. (당연히 외모를 생각하며 연예인을 떠올리는 사람은 없을 거라 믿는다.) 실존하는 인물을 떠올린다면 목표를 찾는 추상적인 질문에 구체적인 답안지를 갖게 되는 셈이다.

내가 지금 하고 있는 일 중 하나가 강의다. 강의는 내가 설정한 목표 중 하나로, 이 목표를 갖게 된 까닭은 다양한 부동산 강의를 들으며 강사들을 직접 옆에서 봤기 때문이다. 직장인으로 사는 나보다 훨씬 효율적(일하는 시간 대비 보수)으로 일하는 모습이 멋있어 보였다. 회사 내부의 정치적인 고려도 할 필요 없이 본인의 강의 실력으로 고객에게 평가받는다는 점도 부러웠다.

지인 중에 프리랜서가 있다. 물론 매월 일정한 수입에 대한 불안정함이 있지만 시간을 내고 싶을 때 마음대로 내고 일하고자 할 땐 몰두하는 모습이 부러웠다. 새벽에 일이 잘되면 새벽에 하고, 5시간을 확 몰아쳐서 일해야 할 때는 그렇게 한 후 맘껏 쉰다. 시간에서 자유로운 모습이었다.

그렇게 내 주변에 있는 몇 명의 모습에서 부러운 점을 섞고 보니 비로소 내가 원하는 롤모델이 완성됐다. 주위에 있는 사람들 중 부러운 삶의 모습을 떠올리면서 어떤 점이 부러운지 생각해보자. 그런 다음 그것들을 조합하면 목표를 정하는 데 도움이 된다.

회사 상사 중에 '아, 나도 저렇게 되고 싶다'는 사람이 있다면 목표를 '3년 안에 회사에서 임원 되기'라고 잡아보자. 내가 부러워하는 사람이 자동차를 리뷰하는 유튜버라면 '2년 안에 차량 리뷰하는 10만 구독자 유튜버 되기'라고 목표를 정하는 것도 좋다.

셋째, 좋아하는 일보다 잘하는 일에서 목표를 찾는다.

대학교 때 성적표를 보면 나는 무엇을 잘하는지 극명했다. 경영학과를 나왔는데 회계, 재무, 투자론 과목은 공부를 많이 하지 않아도 항상 A를 받았다. 반면 마케팅, 전략 과목은 도서관에서 주야장천 책을 파도 B를 겨우 받을까 말까 했다. 이렇게 과목별 성적만 봐도 내가 어떤 걸 잘하는지 바로 알 수 있다. 나는 숫자를 분석하는 과목에서 성과가 훨씬 좋은 사람이었다.

그런데 대학교 4학년 때 취업을 위해 원서를 낸 곳은 내가 잘하는 분야가 아니었다. 나는 전략이나 마케팅 관련 업무를 하는 이들이 멋져 보였다. 뭔가 세상을 이끌어 나가는 느낌, 무에서 유를 창조하는 느낌이 들어 그런 조직에 합류하고 싶었다. 그렇게 전략 관련 부서만 골라 지원했고, IBM의 컨설팅 분야에 합격했다. 그곳에서 3년 정도 근무하며 느낀 점은 '사람은 자기가 잘하는 일을 해야 하는구나'였다. 매번 제안서를 써서 상사한테 들고 가면 '이건 이렇게 수정하고, 저건 저렇게 수정해라'라고 쓴소리를 들었는데, 내가 뭘 잘못했는지 도통 이해가 되지 않았다.

고등학교 때나 대학교 때 수학 관련해서 친구들이 나에게 물어보면 나름 친절하게 문제 푸는 방법을 설명했는데, 친구들은 여전히 뭔가 이해하지 못하는 표정을 짓는 경우가 많았다. 상사가 나에게 뭔가를 고치라고 했을 때 나 역시 그때의 내 친구들처럼 이해하지 못하는 표정으로 서 있었다.

내가 잘할 수 없는 일이라 판단한 뒤 IBM에서 부동산 투자 분야로 커리어를 옮겼다. 이직하니 정말 좋았다. 투자 분석에 강하니 이해도 빠르고, 일도 동료보다 빠르게 척척 해나갔다. 이 경험을 통해 깨달은 점은 사람은 본인이 좋아하는 일을 할 게 아니라 잘하는 일을 해야 한다는 것이다. 좋아하는 일은 취미로 족하다. 꾸준히 잘하려면 잘하는 일을 해야 한다.

스스로 무엇을 잘하는지 한번 떠올려보자. 회사에서 성과를 잘 내지 못하고 있는데, 목표를 '3년 안에 회사에서 임원 되기'로 잡는다면? 목표를 제대로 설정하지 못했다고 볼 수 있다. (사실 이런 자기 인식은 원래 힘들다. 자신의 강점과 약점을 직면한 뒤 인정해야 하기 때문이다.)

회사에서 일하는 것보다 혼자서 뭔가를 꼼지락꼼지락하는 것을 좋아한다면 '3년 안에 월 400만 원 버는 1인 기업가 되기'가 훨씬 더 좋은 목표 설정일 수 있다.

넷째, 목표가 반드시 일과 관련될 필요는 없다.

나는 경제적 자유가 가장 중요한 목표였지만 모든 사람이 그렇게 할 필요는 없다. 너무 거창한 목표를 떠올리지 않아도 좋다. 월에 얼마를 벌고, 자산이 얼마가 돼야 한다는 그런 목표가 아니어도 괜찮다.

요즘 나의 목표 중 하나는 '1년에 하나씩 버킷리스트에 적은 항목 해보기'다. 죽기 전에 해보고 싶은 것들을 하나씩 에버노트에 적고, 새해가 되면 그중에서 올해에 하고 싶은 것을 하나씩 꺼낸다. 2021년엔 '죽기 전에 내 이름으로 된 책 출판하기'라는 버킷리스트를 달성하려 했는데 이 책을 통해 이뤘다.

2015년에 스페인으로 출장을 간 적이 있다. 공원 앞을 지나다 나이 지긋한 할아버지 한 분이 풍선을 크게 부는 공연을 하는 모습을 우연히 보게 되었다. 출장 중이라 피곤하고 지쳐 있었는데 걸음을 멈추고 공연을 보다 보니 마음이 상쾌해졌다. 언젠가 나도 저런 무료 공연을 사람들 앞에서 하고 싶다는 생각이 들었다. 이것도 조만간 내가 달성할 버킷리스트에 포함되어 있다. 이렇게 인생에서 의미가 있는 나만의 목표를 정해 차근차근 해보는 것도 좋다.

이 모든 이야기의 중심에는 '나'가 있다. 현재 가정이 있는 사람이든, 1인 가구든 상관없이 하고 싶은 일을 떠올려보자. 내가 살고 싶은 삶을 이미 살고 있는 누군가를 생각해보자. 3년 후에 어떤 삶을 살고 싶은지 고민해보자. 그 고민이 당신의 발걸음을 이전과는 다른 방향으로 이끌 것이다.

목표를
잘게 쪼개기

3년 후 목표를 정했는가? 그다음에 해야 할 일은 무엇일까? 당연히 단기 목표를 세우는 것이다. 큰 목표(장기 목표)를 설정하고 나면 반드시 작은 목표(단기 목표)를 정해야 한다. 3년이란 시간은 꽤 먼 훗날이기 때문에 중간중간 체크할 수 있는 단기 목표를 만들어야 달성할 확률이 높아진다. 이는 나뿐 아니라 다양한 자기계발서에서 제안하는 목표 설정 방식이기도 하다.

단기 목표는 구체적이고, 측정 가능하며, 행동지향적으로 세워야 한다. 사실 이 내용의 원조는 미국의 경영학자 피터 드러커 Peter Ferdinand Drucker다. 그는 이렇게 말했다.

"목표는 구체적이고Specific, 측정 가능하며Measurable, 행동지향적이고Action-Oriented, 현실적이며Realistic, 기한이 정해져야Time-Bound 달성 가능하다."

큰 목표에서
작은 목표로

나는 3년 후 목표를 적은 다음 그 목표를 달성하기 위한 2년 후 목표, 1년 후 목표, 6개월 후 목표, 3개월 후 목표를 차례대로 적어 내려갔다.

목표 1. 월 600만 원의 투자 수입 만들기
목표 2. 월 100만 원의 사업 수입 만들기

첫 번째 목표 달성을 위한 단기 목표를 고민할 때 가장 염두에 둔 것은 원금을 손실하지 않는 투자였다. 투자를 빨리빨리 하는 게 중요한 것이 아니라 투자에 실패하지 않는 게 나에게는 더 중요했다. 그래서 초반 6개월은 당장 투자를 하기보다 투자를 위한 준비를 충분히 하자는 쪽으로 생각이 기울었다. 하지만 너무 준비만 하다 실행을 못 하는 우를 범해선 안 된다. 이를 방지하고자 '1년 안에 반드시 한 건은 투자한다'라는 내 나름의 데드라인을 만들었다.

'죽이 되든 밥이 되든 1년 안에 꼭 투자할 테니 반드시 잘 준비하라'고 나 자신에게 강조해 말했다. 그렇게 1년을 보내고 2년 안에 본격적으로 월수입을 300만 원까지 늘리고 싶었다. 그래야 3년 후에 월 600만 원이 가능할 것 같았다. 2년까지 월 300만 원을 못 번다면 남은 1년 동안 600만 원을 만드는 건 불가능해 보였다.

투자 관련 목표

구분	목표
3년 후 목표	월 600만 원 투자 수입(3년 차에 2건 추가 투자)
2년 후 목표	월 300만 원 투자 수입(2년 차에 2건 추가 투자)
1년 후 목표	월 100만 원 투자 수입(1건 투자 실행, 절대 실패하지 말 것!)
6개월 후 목표	• 선정된 투자 영역별로 깊게 공부하기 • 투자 물건 알아보기 (평일에는 이론 공부, 주말에는 부동산중개업소 통해 실제 물건 받아보기)

3개월 후 목표	· 임대 수입 받을 수 있는 투자 영역 선정하기 (관련 도서 읽기, 다양한 분야의 사람 만나기, 좋은 투자 사례 수집하기)

두 번째 목표인 월 100만 원의 사업 수입을 만들기 위한 로드
맵도 같이 작성했다. 3년 후 월 100만 원을 벌기 위해 2년간 무
엇을 할지 결정하고, 남은 1년 동안은 그에 대한 준비가 필요하
다고 생각했다. 인간관계를 토대로 한 영업력 의존도가 낮으면서
내 강점인 분석력을 살릴 수 있는 일을 찾는 것, 그게 향후 2년간
나의 목표였다.

━━━ 사업 관련 목표 ━━━

구분	목표
3년 후 목표	월 100만 원 사업 수입 (사업 소득으로 벌 수 있는 일을 한 가지 찾고, 월 100만 원 실제로 벌기)
2년 후 목표	나에게 맞는 사업 한 가지 결정하기 (그것을 위한 본격적인 준비 작업)
1년 후 목표	목표를 기억하되 일단은 투자에 집중하기

6개월 후 목표	목표를 기억하되 일단은 투자에 집중하기
3개월 후 목표	목표를 기억하되 일단은 투자에 집중하기

나는 퇴사 후 안정적인 수입을 버는 것이 목표였기 때문에 목표가 다 돈과 관련되어 있다. 각자의 요구에 따라 얼마든지 자신에게 맞는 목표를 설정하면 된다. 어떤 사업을 하겠다든가, 어디로 진출하겠다 등도 충분히 목표가 될 수 있다.

단기 목표를 설정할 때
주의할 점

단기 목표를 정하는 이유를 상기해보자. 단기 목표는 이정표Mile Stone를 정하는 작업이다. 마라톤을 생각하면 쉽다. 2시간 10분 안에 42.195킬로미터 완주가 목표라면 10킬로미터 구간은 30분 내 돌파, 그다음 10킬로미터 구간은 60분 내 돌파처럼 단기 목표를 설정해야 목표 달성이 가능하다.

2시간 10분 안에 완주하는 것을 목표로 한 사람이 첫 10킬로미터 구간을 뛰었는데 60분이 걸렸다면 시간 안에 완주는 사실상 불가능하다. 다음은 단기 목표를 설정할 때 참고하면 좋을 내용이다.

방법 1. 목표를 3등분한다.

장기 목표를 단순하게 3등분 하는 식으로 단기 목표를 정한다. 3년 후 월수입 600만 원이 목표라면 1년 차에는 월 200만 원, 2년 차에는 월 400만 원, 3년 차에는 월 600만 원으로 나눈다. 이런 식의 단순 3등분이 가장 기본적인 단기 목표 설정 방법이다.

만약 당신이 3년 안에 자산 60억 원 만들기가 목표라면? 1년 후 20억 원, 2년 후 40억 원, 3년 후 60억 원 이런 식으로 잡으면 된다.

방법 2. 초반 목표는 낮게, 후반 목표는 높게.

살면서 모든 일이 딱 3등분으로 나뉘면 얼마나 좋을까. 하지만 많은 일이 방법 1처럼 진행되긴 어렵다. 일차함수처럼 직선으로 올라가는 일이 세상에는 별로 없다.

2005년, 코람코자산신탁이라는 리츠(부동산 투자회사)에 들어갔다. 현재 이 회사의 매출은 1,000억 원이 넘는다. 그러나 내가 입사할 당시 매출은 크지 않았고 당연히 이익도 많지 않았다. 2004년 당기순이익은 250만 원이었다. 아마 2003년은 적자였을 것이다. 그러다 2005년에 몇억 원, 2008년부터는 몇십억 원 수준으로 이익이 늘었다. 점진적으로 수익이 늘어난 게 아니라 계단식 점프를 했다.

회사에는 각 직급별로 기본적으로 거쳐야 하는 햇수가 있다. 사원은 4년, 대리는 3년, 과장은 4년, 차장은 몇 년 이런 식이다. 그래서 사회초년생일 때 아무리 일을 잘 해도 승진하려면 몇 년이라는 기간이 필수적으로 필요하다. 반면 부장 이상의 직급인 경우 승진 속도는 1년 단위, 6개월 단위로도 가능하다. 올해 이사로 승진했는데 다음 해 상무가 되고, 그다음 해에 전무가 되는 일이 종종 있다. 초반에 업무 능력을 습득하는 데는 기본적인 시간이 필요하지만 이 과정이 끝나면 능력에 따라 바로바로 성과가 나타나기 때문에 승진의 속도가 달라진다.

부의 축적이나 현금 흐름을 만드는 일도 이와 같다. 초반에 1억 모으기는 정말 어렵다. 월급을 아끼고 아껴서 만들어야 한다. 사회초년생의 월급으로 1억 원이라는 종잣돈을 만들기까지는 물리적으로 많은 시간이 걸릴 수밖에 없다.

하지만 종잣돈이 마련되면 다른 상황이 펼쳐진다. 누구는 주식을 하고, 누구는 부동산을 하면서 성과에 따라 차이가 본격적으로 벌어진다. 굴릴 만한 눈덩이가 생겼기 때문에 어느 곳에서 눈덩이를 굴리느냐에 따라 결과가 달라지는 것이다.

그래서 단기 목표는 초반에 낮게, 후반에 좀 더 크게 잡을 필요가 있다. 월 600만 원을 세팅할 때 나도 이 방법을 따랐다. 1년 차에 월 100만 원, 2년 차에 월 200만 원, 3년 차에 월 300만 원을 추가하는 식이다. 초반에 100만 원의 현금 흐름을 만드는 데 필요한 공부 시간과 경험의 축적 기간을 고려한 방법이다.

방법 3. 퀀텀 점프Quantum Jump를 한다.

만약 내 목표가 마지막 한번에 결정된다면 앞의 방법 1이나 2를 쓸 수 없다. '퀀텀 점프'를 해야 한다. 퀀텀 점프란 대약진, 대도약을 뜻하는 용어로, 어떤 단계에서 다음 단계로 넘어갈 때 계단을 뛰어오르듯 올라가는 것을 말한다.

예를 들어 지금 30대 중반인데 '3년 안에 임원으로 승진하기'라는 목표를 세웠다고 가정해보자. 1년 차에 차장, 2년 차에 부장, 3년 차에 상무 이런 식으로 단기 목표를 세운다면 1년 차 단기 목표부터 달성하지 못해 포기할 가능성이 높다. 이런 목표는 3년 차에 상무가 될 수 있는 현실적인 방법을 고민해야 한다.

먼저 회사 내부에 30대 후반의 나이로 임원이 된 사람이 있는지 찾아본다. 없다면 동종업계 회사 중에 있는지 살펴본다. 분명 대기업보다 중소기업이나 외국계 기업에 있을 확률이 높다. 그중 가고 싶은 회사를 고른 다음 비교적 어린 나이에도 임원이 된 사례를 조사한다. 영업 실적이 월등히 좋아 승진한 건지, R&D 분야에서 뭔가 개발 성과를 낸 건지, 대기업 구매 담당부서 직원이 중소기업 임원으로 간 사례도 있는지 등 현실적인 사례를 조사하고 그에 맞게 단기 목표를 설정해야 한다.

예를 들면 아래와 같이 단기 목표를 구성할 수 있다.

- 1년 차 목표 : 외국계 기업에서 30대에 임원이 된 다양한 사례 조사, 그중에 내가 할 수 있는 사례 선별
- 2년 차 목표 : 선별한 사례에 맞춰 내 커리어를 키우고, 내가 이직할 수 있는 회사 대상으로 인적 네트워크 갖추기
- 3년 차 목표 : 인적 네트워크를 통해 본격적으로 임원 이직을 위한 활동하기

위와 같이 내 목표가 마지막 한번에 달성되는 것이라면 단기 목표는 그걸 이루기 위한 조사나 분석, 인맥 만들기 등 준비 단계

로 채워야 한다.

자신에게 맞는 방법을 골라 단기 목표를 설정하자. 잘 만든 단기 목표는 장기 목표를 이루는 데 좋은 친구가 된다. 인생에서 내 마음을 알아주고 나의 성장을 축하해주는 친구가 큰 버팀목이 되듯 단기 목표 역시 그렇다.

명확한 목표 설정이
먼저다

내비게이션을 켜고 '마음이 편해질 수 있는 곳'이라고 목적지를 입력한다. 차가 움직이기 시작한다. 이러면 얼마나 좋을까? 그야말로 AI가 내 마음을 찰떡같이 알아들은 것일 테니 말이다. 하지만 현실은 그럴 리 없다. 출발조차 하지 못한 것이다. 애매모호한 목적지는 내비게이션엔 있을 수 없는 장소다.

목표 달성을 위해서도 애매모호함은 경계해야 할 대상이다. 애매모호하면 목표를 향해 달려갈 수 없다. 우리가 목적지를 모호하게 적으면 내비게이션도 경로 안내를 이렇게 할 것이다.

"쭉 가다가 건물이 많이 나오면, 좌회전!"

몇 미터 앞이란 이야기도 없고 건물이 많다고 하면 2채인지, 20채인지 도대체 알 수가 없다. 목표를 정하고 경로를 정할 때도 마찬가지다. 명확해야 한다. 차에 탔으면 정확한 지번을 입력해야 원하는 곳으로 갈 수 있다.

그럼 본격적으로 목표를 들여다보자. 내가 3년 전에 세운 목표는 다음과 같다.

- 3년 후 퇴사를 위해 근로소득이 발생하지 않아도
  우리 집 생활비 600만 원은 나오도록 경제적 자립하기
- 퇴사 후 내가 할 수 있는 일 한 가지 이상 찾아놓고,
  미리 조금이라도 돈 벌어보기

가만히 들여다보면 숫자가 중간중간 보인다. 숫자만큼 명확한 게 없다. 물론 꼭 숫자가 아니어도 괜찮다. '3년 안에 임원 되기'처럼 명확하기만 하면 된다. 그런데 목표를 '경제적 자립하기'로 정했다고 가정해보자. 이건 명확한 목표일까?

예전에 한 인터넷 카페에서 어떤 회원이 이런 질문을 올린 걸본 적이 있다.

"월 소득이 얼마면 회사를 그만두시겠습니까?"

대답은 정말 천차만별이었다. 월 2,000만 원은 나와야 저축도 하고 해외여행도 다닐 수 있다는 사람, 심지어 월 4,000만 원을 부른 사람도 있었다. 나는 '와! 저 정도까지 필요할까?' 싶었다. 반면 내가 답한 600만 원에 대해 '애가 둘이나 있으면서 겨우 그 정도로 회사를 그만둔다고? 미쳤구만'이라고 생각하는 사람도 있을 수 있다. 사람마다 기준이 다 다르니 그렇게 생각할 수 있다. 물론 월 200만 원으로 충분하다는 사람도 있었다.

목표를 숫자로
정해야 하는 까닭

목표와 경로(목표를 향해 가는 길) 가 명확해야 하는 이유는 중간중간 힘이 들 때마다 자꾸 타협하고 싶은 유혹에 빠지기 때문이다. '조만간 경제적 자립하기'로 목표를 잡으면 조만간이 6개월 후인지, 1년 후인지, 3년 후인지 애매모호하다. 목표를 위해 나아가다 보면 당연히 어려움이 생긴다. 직장을 다니고 있다면 더 힘들 수밖에 없다. 그런데 이때 목표가 애매하면 '회사 일 때문에 너무 힘드니까 6개월 대신 1년 후 자립하는 것으로 바꿔야지' 하는 생각이 마음속에서 스멀스멀 올라온다.

기간만 변경하면 그나마 다행이다. 힘든 상태가 계속 이어지면 경제적 자립이란 목표의 정의에도 변화가 온다. 처음에는 의식주가 다 해결되는 금액을 생각했는데 나중에 '의'를 슬그머니 빼게 된다. '먹고 자는 것만 해결하면 목표 달성이지, 뭐' 이런 식으로 말이다. 그렇게 좀 더 지나면 먹는 비용만 해결하자는 식으로 또 바뀔 가능성이 높다.

사람이라서 그렇다. 편하고 쉬운 것을 찾기 마련이다. 처음에 '경제적 자립하기'라는 목표를 세울 땐 월 600만 원을 대략적으로 생각했지만 바쁘고 힘들면 '월 300만 원만 있어도 아끼면서 충분히 잘 살 수 있지 않을까?'라고 생각하게 된다. 그러다 조금 더 시간이 지나면 월 100만 원도 직장에 다니며 부수입으로 벌기엔 충분한 금액이라고 생각이 바뀐다. 이렇게 되면 처음 세운 경제적 자립이라는 목표는 온데간데없이 사라지고 만다.

목표를 향해 나아가는 길은 쉽지 않다. 학창 시절을 지나 직장 생활을 10년 가까이했다면 알 것이다. 매년 세운 영어 공부나 다이어트 결심이 얼마나 눈 녹듯 쉽게 사라지는지. 하물며 직장생활을 하면서 이전과 다른 일을 하겠다면? 절실함과 절박함이 필요하다. 이 목표를 달성하지 못하면 나는 지금까지와 똑같은 삶을 살아야 한다는 절절함도 필요하다. 그렇게 자기 자신을 계속 담금질하고 밀어붙여야 한다.

앞으로 나아가는 데 필요한 것은 바로 '명확함'이다. 대체 명확하다는 것은 무엇일까? 나의 목표를 처음 만나는 사람에게 이야기한다고 가정해보자. 그가 묻는다.

"목표가 무엇인가요?"

당신은 그에게 그동안 세운 목표와 경로에 대해 10분간 설명한 후 그 사람에게 종이를 준다. 그리고 당신에게 들은 내용을 자신이 이해한 대로 적어보라고 했을 때 당신의 목표와 동일한 결과가 나온다면 명확한 것이다.

목표에서 구체적으로 표현할 수 있는 것은 최대한 숫자로 표현하는 게 좋다. 당신이 정한 목표와 경로를 다시 살펴보자. 숫자로 표현할 수 있는 것이 더 없는지, 명확하게 정리할 수 있는 것이 더 없는지 꼼꼼히 찾아보자.

목표를 다짐하는
장소의 힘

나에게는 몇 가지 의미 있는 장소가 있다. 어린 시절 살던 동네나 우연히 산책하다 발견한 장소처럼 힘든 일이 생겨 주저앉고 싶을 때 위로받으러 가는 곳이다. 3년 전 처음 목표를 세우면서 목표를 달성하면 다시 가보고 싶은 장소를 만들었다.

2015년 12월 30일, 생일날에 회사에 휴가를 내고 집에 양해를 구한 후 혼자 기차여행을 갔다. 생일엔 늘 서글픈 마음이 들곤 했다. 30일에 보통 회사 송년회를 하기 때문이다. 송년회에서 회사는 그해의 실적을 발표한 뒤 좋은 성과를 낸 팀을 포상하고 승진자를 발표한다. 그런데 우리 팀은 매년 좋은 성과에서 다른 팀에 밀렸다. 자연스레 내 승진도 멀어져 갔다. 생일 때마다 다른 팀, 다른 승진자에게 박수만 쳐야 하는 역할이 꽤 씁쓸했다. 2015년에는 '에라 모르겠다' 하는 심정으로 용기 있게 휴가를 쓰고 나만을 위한 여행을 떠났다. 앞으로 무엇을 하며 살지에 대한 고민을 오롯이 하고 싶었다.

동기부여가
샘솟는 곳

좋은 곳에 가고 싶었다. 고급스러운 곳을 의미하는 게 아니라 어렵게 휴가를 냈고 또 생일이니 제대로 마음의 휴식을 즐길 수 있는 곳이 필요했다. 그래서 한 번도 가본 적이 없는 곳을 찾기로 했다.

집에서 가까운 SRT 수서역을 이용할 생각으로 노선도를 보니 목포가 눈에 들어왔다. 태어나서 단 한 번도 가보지 못한 곳이었다. 항구도시라 바다를 가까이에서 볼 수 있고, 겨울바다를 보면 앞으로 어떻게 해야 할지 좋은 아이디어가 떠오를 것 같았다.

그렇게 무작정 목포에 도착해 유달산으로 향했다. 겨울철의 평일이니 산에 올라가는 사람도, 내려가는 사람도 없었다. 달성

사라는 절로 천천히 발걸음을 옮겼다. 추운 바람에 코끝이 찡했지만 한 발 한 발 천천히 움직이자 복잡한 마음이 조금씩 맑아지는 것 같았다.

절에 오르니 바다가 한눈에 보였다. 조용한 산사에서 바라보는 바다는 그렇게 평온할 수가 없었다. 파란 바다를 바라보며 생각했다.

'그래, 이제 마흔인데 무작정 참고 회사생활을 하는 것보다 나에게 맞는 일을 찾아보자! 그냥 이렇게 10년을 더 참고 일하다 퇴사하면 결국 난 죽을 때까지 내게 맞지 않은 일만 하면서 사는 것밖에 안 되지 않을까?'

그렇게 앞으로 내가 하고 싶은 것들을 곰곰이 되씹으면서 스스로 다짐했다. 목표를 다 이루면 다시 한번 이곳을 찾겠다고. 그 목표를 생각하며 바다 사진을 한 장 남겼다. 그곳에서 찍은 사진은 그날부터 휴대폰 배경화면이 되었다. 그저 자갈일 뿐인데, 그날의 파란 하늘에 비친 자갈들은 모두 보석처럼 빛났다. 휴대폰을 볼 때마다 그날 그곳의 느낌이 생생하게 살아났다.

목표를 정하고 실행하다 보면 힘든 일들이 생긴다. 3번째 상가투자를 하고 잘못 결정한 것 같아 몇 날 며칠을 자다가 깼던 적이 있다. 원룸 신축을 하려고 토지를 계약하고 설계하는데, 가설계 때 이야기한 것보다 방이 한 개 덜 나온다고 아무렇지 않게 이야기하던 건축사와의 황당한 미팅도 있었다. 회사에서 아래위로 깨지면서 그래도 조금 더 참아야 한다고, 아직 월급이 필요하다고 혼자 곱씹은 날도 있었다. 그 모든 날에 조용히 저 사진을 들여다봤다. 목포의 바다에서 나는 다짐했었다. '힘들어도 조금만 더 참고 해보자. 조만간 모든 게 다 이뤄지는 날이 오겠지.'

3년이 지나 2018년 겨울, 내 생일이 되었지만 그 바다를 보러 갈 수 없었다. 아직 목표를 완전히 달성하지 못했기 때문이다. 계획보다 조금 늦어졌지만 2019년 안에 목표한 것을 다 이루고 가벼운 마음으로 그곳에 가리라 마음먹었다. 드디어 2019년 봄, 건물을 준공하고 3개월 만에 10세대의 임대를 다 채웠다. 태양광발전소도 준공했다. 그리고 내가 하고 싶은 일(내 지식과 경험을 바탕으로 강의하기)도 찾아 강의 수입으로 월 500만 원 이상 수익을 올렸다. 모든 것을 이룬 후 목포로 향했다.

4년 만에 다시 달성사를 오르며 '내가 드디어 해냈다!'를 몇 번이나 외쳤다. 부끄럽지만 눈물이 났다. 그동안 힘들었던 기억, 걱정 때문에 밤잠 설치던 날들, 처음 이곳을 밟았을 때의 감정이 복합적으로 한꺼번에 몰려왔기 때문이다. 생각했던 모든 걸 이룰 수 있게 해주셔서 고맙다고 하늘에 이야기한 뒤 다시 3년 후 목

표를 적었다. 2022년에 다시 이곳에 올 요량으로 말이다.

　자신만의 장소를 만드는 것, 그게 모든 사람에게 도움이 될지는 잘 모르겠다. 하지만 뇌 속 어딘가에 공간을 연계해 시각화해 놓으면 목표를 달성하겠다는 확실한 동기부여가 될 수 있지 않을까. 경험상 나에게는 많은 동기부여가 됐다. 힘들 때마다 그곳을 생각하면 다시 앞으로 나아갈 힘이 생겼다. 모든 사람에게 똑같이 통할지는 모르겠지만 자신만의 장소를 만들어 보길 권한다. 목표 달성이라는 힘든 여정에서 스스로 마음을 다잡을 수 있는 수단은 반드시 필요하다.

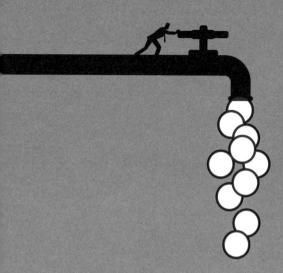

Chapter 3

부의 프레임을 완성하라

: 탄탄하게 목표에 다다르는 법

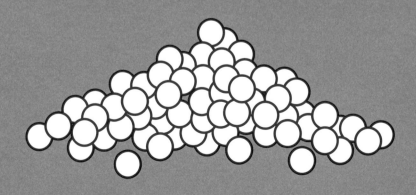

목표를
어떻게 이룰 수 있을까?

내비게이션에 목적지를 입력하면 경로 선택 화면이 나온다. 최단 거리로 갈지, 큰 도로 위주로 갈지, 무료 도로로 갈지 등 목적지에 도달하기 위한 다양한 경로를 제시한다.

목표 달성도 마찬가지다. 목표를 달성하기 위한 길은 단 한 가지가 아니다. 사람에 따라 무수히 다른 방법이 존재한다. 앞으로 가야 할 목적지가 아직 다소 아득해 보이고 불분명할 수 있다. 이때 목적지를 향한 경로는 불분명함을 해소해주는 역할을 한다. 원하는 곳까지 어떻게 도달할 것인가를 생각하다 보면 자연스레 현실적이고 세부적인 사항을 고민하게 되고 그 과정에서 목적지가 좀 더 분명하게 그려진다.

처음에는 어떤 경로를 생각해야 할지 잘 모를 것이다. 모르는 게 당연하다. 직장에서 일할 때 우리는 상사가 지시하면 그 지시에 따라 일했다. 시간, 환경, 여건을 어떻게 활용해야 하는지도 대략 정해져 있었다. 그러나 정작 자기 인생을 위한 목표를 세우고 그것을 달성하기 위한 경로 탐색은 해본 적이 없다. 경험이 없으니 당연히 스스로 얼마나 어떻게 할 수 있을지 가늠조차 하기 힘들다.

이런 상황에서 해결책은 단 한 가지다. 나의 목표를 달성하기 위한 경로를 가능성 여부를 떠나 마구 적어보는 것, 그것뿐이다. 지금 현재 할 수 있는 일부터 완전히 허황된 일까지 이것저것 적다 보면 그 안에서 나름대로 길을 찾을 수 있다. 여기서 포인트는 닥치는 대로 모조리 다 적는 것이다.

가능성을 품은
허황된 생각들

3년 후 이룰 목표를 정한 다음 날부터 내 머릿속은 '목표를 어떻게 달성할 수 있을까?'란 생각으로 가득했다. 출근길에, 일하다 잠깐 커피를 마시며 쉬는 시간에, 점심 먹으러 가는 길에, 누군가와의 미팅 자리에서, 친구들과 저녁 먹다, 퇴근길에, 샤워하면서, 주말에 운동하는 중에 문득문득 떠오르는 것들을 계속 적었다. 지금 보면 좀 부끄럽지만 아래 리스트가 실제로 적었던 내용이다. 대체 무슨 말인지 알 수 없는 내용도 있을 것이다. 이 리스트는 누군가에게 보여주려고 적은 게 아니기 때문이다. 이런 식으로 다양한 생각을 적으면 된다는 것을 보여주기 위해 그때 당시 적은 날 것 그대로를 옮겨봤다.

2016~2019년에 작성한 경로 리스트

1	근로소득 없이 생활비 월 600만 원 나오도록 경제적 자립하기

- ○ 상가 경매 투자를 통해 높은 월수익 달성
- ○ 서울 내 원룸 건축을 통해 안정적인 월수익 및 향후 시세차익 누리기
- ○ 캐시카우 역할을 담당할 태양광발전사업 진행
- ○ 시세차익용 아파트 투자 진행
- ○ LH공사 근린생활시설 용지 입찰 후 매도
- ○ 다세대 전체 신축 :
  일부 세대는 에어비앤비로 돌리기, 맨 꼭대기 세대에 파티룸 설치
- ○ 모텔을 고시텔로 전용해 운영

○ 택지지구 분양받아 다가구 운영 :
수익성 높이기 위해 일부 가구는 셰어하우스 형태로 운영

○ 다가구 건축 노하우를 바탕으로 세미나 및 컨설팅 서비스 제공

○ 신축 후 SH에 매각 사업 진행(분양 리스크 없앰)

○ 소규모 주택정비사업(자율주택정비사업 진행)

○ 일요일에만 운영하는 상가 전차업 :
일요일에 문을 닫는 상가 임차인들과 전대차 계약 후
일요일에 적합한 사업 운영

○ 교통 호재가 예상되는 지역(삼전동 등)의 단독주택 토지 매입 후
다가구 건축

○ 캡슐 셰어하우스 : 개인별 방은 작게 만들고, 공용공간을 넓고 좋게 만들기

○ 토지 지목 변경 후 단시간 내 매각

2	**내가 할 수 있는 사업 한 가지 찾고, 퇴사 전에 미리 해보기** **(월 100만 원 만들기)**

○ 스페이스 셰어 : 공용 강의장 아이템 차용

○ 어린이 수영장 : 유치원들과 협업해 기본적인 매출을 올릴 것

○ 주택 구매 후 근린생활시설로 리모델링(1층 및 지하층 용도 변경)

○ 아이스스케이트장 : 외곽에 짓기

○ 내 지식·경험을 이용해 강의하기
(내가 실제 해본 투자나 사업으로 콘텐츠 만들어 팔기)

○ 대로변 작은 평수의 토지를 사서 미니 카페 만들기 : 경희대 인근 참고

- 유튜브 크리에이터 : 부동산 월기예보,
  부동산(섹터별, 지역별) 향후 방향성을 매월 설명하는 아이템

- 상가 매각 전문 중개업소 : 상가 매매를 전문으로 하는 업체가 없음

- 퇴사 준비 컨설팅

- 부동산 포트폴리오 컨설팅

- 공매 및 LH공사를 통한 임대 입찰 : 운영·사업의 개념으로 접근해야 함

- 전원주택에 표준화된 조경 식재 서비스 제공

- 지하 창고 비즈니스

- 이직 또는 승진했을 때 받은 승진 축하 난을 40퍼센트 가격에 매입한 후
  70퍼센트 가격으로 되파는 비즈니스

- 아웃도어 캠핑 같은 콘셉트로 대도시 주변 강변에서 운영

- 경기도 외곽 : 자전거 도로 및 차도 막히는 곳 부근에 편의점 넣기
  (춘천에서 서울로 오는 길의 세븐일레븐 참고)

- 동영상 편집 프로그램 개발 : 추후 인스타그램이나 SNS와 연계해서 판매

- 부동산 펀드 입찰 시 부동산 가치 올리는 방법 컨설팅 서비스

- 세관 공매

- 호두과자업 : 오프라인 매장 없이 24시간 제조 후 포장 판매로 특화,
  판매망 구축 및 신선도 유지 방법 고민 필요

- 샐러드 자판기 등 자판기를 이용한 판매 자동화 :
  일본 자판기 판매숍 벤치마킹

- 편백나무 판매업 : ○○○ 사이트 참고할 것!

- 태양광발전사업 수익금을 기초자산으로 한 채권형 펀드 만들기

나는 3년 후 월 600만 원의 현금 흐름 만들기가 목표라 모든 경로가 월 현금 수입과 관련되어 있다. 사람마다 목표가 다르기 때문에 각자에게 맞는 경로 리스트를 작성하면 된다.

예로 든 위의 리스트는 하루아침에 정리한 게 아니다. 목표를 정하고 나면 어떻게 달성할지 머릿속에서 끊임없이 고민하고, 그러다 보면 미처 관심 갖지 않았던 사람들의 이야기, 전에 스쳐봤던 뉴스나 글이 목표와 맞물려 떠오를 때가 종종 생긴다. 그렇게 뭔가 생각이 날 때마다 경로 리스트에 적으면 된다.

하루 만에 혹은 1~2주 안에 다 만들지 못해도 좋다. 앉은 자리에서 수십 개의 경로가 생각날 정도라면 그건 몇 년 후 달성할 수 있는 목표가 아니다. 한 달 정도 경로를 생각할 시간을 갖자. 아침에 집을 나설 때부터 자신의 목표를 기억하면서 하루를 시작해보자. 일을 하거나, 사람을 만나거나, 어딘가에 갈 때도 계속 생각날 것이다. 그리고 뭔가 생각나면 메모지든, 핸드폰이든 바로 적길 권한다. 바로 적지 않으면 자연스레 생각이 날아가 버린다.

당신의 목표는 당신의 것이다. 다른 누구도 대신 목표를 세워

줄 수 없다. 목표를 향한 경로 역시 스스로 만들 수밖에 없다. 얼마나 구체적으로, 얼마나 다양하게 만들었는지에 따라 성공 여부가 판가름 난다.

또 경로가 많으면 많을수록 좋다는 사실도 명심하자. 내비게이션에서 목적지로 가는 경로가 많다면 그만큼 선택의 폭이 넓다는 의미다. 그중에서 원하는 길을 고르면 된다. 목표 달성도 마찬가지다. 많은 경로 중 가장 좋아 보이는 길을 선택하면 된다.

최상의 경로를
고르는 방법

목적지에 가기 위한 경로는 많은 고민 없이, 생각나는 대로 적어야한다. '이걸 할 수 있을까?', '돈이 없는데…'와 같은 생각은 저 멀리던져버리자. 아이디어가 떠오르는 것을 막는 요인 중 하나가 바로가능성에 대해 생각하는 것이다.

예를 들어, 내가 경로에 적은 아이템 중 '주택 구매 후 근린생활시설로 리모델링(1층 및 지하층 용도 변경)'이란 내용이 있다. 이걸 적기 전에 '리모델링의 경우 대출이 많이 안 나온다던데…, 난지금 자금이 별로 없는데 어떡하지?'라는 생각을 했다면 나는 이아이디어를 적지 못했을 것이다. 이런 식으로 가능성을 생각하면

백날 앉아 있어도 한두 개 적기도 어렵다.

대화하다 보면 늘 부정적으로 이야기하는 사람이 있다. "그게 될까요?", "그거 하다가 망한 사람이 있다던데…."라고 말이다. 이제는 그런 사람 앞에선 가급적 아이디어가 떠올라도 이야기를 꺼내지 않는다. 부정적으로 말하는 사람은 어떤 이야기를 들어도 부정적으로만 반응하기 때문이다.

부정적인 생각이 반드시 나쁜 건 아니다. 어느 단계에서는 반드시 리스크 점검이 필요하다. 어설픈 낙관이나 막연한 긍정주의가 되려 독이 될 때도 있다. 그런데 부정적인 태도가 필요한 순간이 있고, 아닌 순간이 있다. 아이디어 발상 단계에서부터 부정적인 생각만 꺼내는 것은 전혀 도움이 되지 않는다.

당신이 만약 다양한 재료를 풍부하게 갖춘 요리사라면 그중에서 원하는 것을 맘껏 취사선택해 요리할 수 있다. 그러나 재료가 쌀과 달걀밖에 없다면 만들 수 있는 가짓수가 현저하게 줄어든다. 목표 달성을 위해 많은 경로를 생각하는 과정은 요리할 재료를 많이 구비하는 것과 비슷하다. 내가 정확하게 무엇을 만들지 모르는 상태에서는 일단 재료가 많아야 좋다. 손질하는 데 노력과 시간이 많이 들고, 보관이 어려운 재료는 안 쓰면 그만이다.

다양하게 떠올린 아이디어 중 무엇을 먼저 선택할 것인가? 그런데 이 작업에서 꼭 기억해야 할 게 있다. 무엇을 먼저 할 것인가를 정하는 일이지, 내가 하지 않을 것을 리스트에서 버리는 일이 아니라는 점이다. 어떤 아이디어는 지금 당장 실행하긴 어렵지만 실력이나 자금 여건 등 조건이 갖춰지면 실행할 수 있는 것도 있다.

이제 자신이 늘어놓은 다양한 아이디어(경로) 중 무엇을 우선적으로 선택하고 실행해야 할지 고민해보자.

자신의 자금 규모를
고려하라

적어놓은 리스트 중 몇 개를 뽑았다. 아래 두 가지 아이템은 사실 누군가와 대화하던 중 지인이 하고 있다는 이야기를 듣자마자 '아, 나도 해봐야겠다'는 생각에 적어 놓은 것이다. 그런데 정작 지난 3년간 실행한 아이디어는 아니다.

- LH공사 근린생활시설 용지 입찰 후 매도
- 모텔을 고시텔로 전용해 운영

왜 실행하지 않았을까? 내 자금 상황과 맞지 않았기 때문이다. 3년 전 처음 월 600만 원 만들기라는 목표를 정할 당시 내 종잣돈은 약 4억 원이었다. (많은 돈이다. 살고 있던 아파트를 팔고 현재 사는 집을 반전세로 돌려 돈을 마련했다.) 물론 이 돈으로 저 아이디어를 실행할 수도 있었다.

LH공사의 근린생활시설용지 매매가는 작게는 몇십억 원, 크게는 100억 원 정도의 규모다. 그때 내가 확인하기로 처음에는 계약금으로 매매가의 10퍼센트가 필요하고, 계약 이후 전매(구입한 부동산을 다시 파는 행위)를 통해 이익을 본 후 자금 회수가 가능했다. 만약 제때 팔지 못해도 중도금을 연체하며 시간을 벌 수 있었다.

그러나 나는 이 아이디어를 경로의 우선순위에서 앞에 두지 않았다. 이 일을 진행하려면 내 자금의 전부, 어쩌면 신용대출까지 받아 금액 전체를 계약금으로 넣어야 했기 때문이다. 내 자금 사정으로는 너무 벅찬 일이었다.

자금 사정에 맞지 않는 일을 무리하게 진행하는 것은 좋지 않다. 사람은 때로 인생을 걸고 한 번 해봐야 한다는 말이 있지만, 반대로 생각하면 한 번뿐인 인생이기에 너무 무리하는 것은 말리고 싶다. 무리하면 조급해진다. 조급해지면 빨리 나오지 않는 성과에 미리 겁을 먹거나 하던 일을 중단하게 된다. 개인적으로 자기 종잣돈의 3분의 1 수준에서 투자나 사업을 하나씩 진행하는 게 좋다고 생각한다.

내가 실행하지 않은 두 번째 아이디어는 모텔을 고시원으로 바꿔 운영하는 일이다. 매출이 잘 나지 않는 모텔을 인수해 장기 숙박을 할 수 있는 고시원으로 용도 변경을 하는 아이템으로, 안정적으로 수익이 날 수 있다. 하지만 모텔 매입자금이 내가 가진 돈보다 컸기 때문에 우선순위에서 밀렸다.

또 이 아이템을 실행하기 위해서는 법률과 건축법적인 측면에서 검토가 먼저 이루어져야 하기 때문에 많은 시간과 노력이 필요했다. 바로 진행하기엔 무리가 따를 것 같아 미뤄뒀지만 언젠가 한 번은 꼭 해보고 싶은 사업이다.

이렇게 아이디어를 먼저 적은 후 자신의 자금 규모를 따져보자. 그다음 내가 가진 돈으로 할 수 있는 일을 순서대로 재정리해보자. 여기서 기억해야 할 건 우선순위가 밀리는 경로들은 나중에 할 수 있는 일이지 결코 포기할 일이 아니다. 돈을 벌어 자금을 쌓은 뒤 그때 해도 늦지 않다.

그 일을
할 시간이 있는가

3년 전, 나는 직장인이었다. 아무리 여유 있는 회사에 다녀도 직장인은 기본적으로 월요일부터 금요일까지, 오전 9시부터 오후 6시까지 회사에 있어야 한다.

직장에 다니면서 학원을 다녀본 적이 있는가. 그렇다면 시간을 빼는 일이 얼마나 어려운지 알 것이다. 하물며 저렇게 어려운 목표를 회사에 다니면서 어떻게 달성할 수 있을까? 그래서 나는 먼저 직장인으로서 시간을 내서 할 수 있는 일과 할 수 없는 일을 구분하기로 했다.

나는 평일에 미팅을 많이 해야 하는 일을 과감히 우선순위에서 뒤로 미뤘다.

- 캡슐 셰어하우스 : 개인별 방은 작게 만들고, 공용공간을 넓고 좋게 만들기
- 일요일만 운영하는 상가 전차업 : 일요일에 문을 닫는 상가를 찾아 임차인들과 전대차 계약 후 일요일에 적합한 사업 운영

캡슐 셰어하우스는 일본에서 유행한다는 기사를 보고 적은 목

표였다. 개인별 공간은 작게, 공용공간은 조금 넓게 만드는 셰어하우스보다 더 극단으로 달리는 사업 모델이다. 2~4명이 함께 사용하는 셰어하우스와 달리 방 하나에 여러 캡슐을 넣어 더 많은 사람이 공유할 수 있다.

대신 공용공간은 일반적인 셰어하우스보다 더 크게 만든다. 셰어하우스는 여러 명이 방을 같이 쓰기 때문에 아무래도 소음 등 불편함이 있을 수밖에 없다. 반면 캡슐 셰어하우스는 잠잘 때만큼은 좀 더 사적인 공간을 보장할 수 있어 사업성이 있지 않을까 생각했다.

그런데 이 일은 우선순위에서 뒤로 많이 밀려 있다. 바로 시간의 제약 때문이다. 캡슐을 알아봐야 하고, 캡슐 만드는 공장과 미팅도 해야 한다. 제조에도 신경 써야 하는데 평일 새벽과 저녁 그리고 주말에만 시간이 나는 직장인은 아무래도 다양한 미팅을 소화하기 어렵다고 생각했다.

또 하나, 캡슐 셰어하우스를 운영하려면 임차인이 방을 보러 올 때마다 소개해야 하기 때문에 평일에 시간을 내는 건 필수적이다. 내가 할 수 없다면 다른 누군가라도 고용해야 한다. 그러나 사업 초반에 사람을 고용할 만큼 수익을 낼 자신이 없었다. 자연스레 우선순위에서 뒤로 밀렸다.

일요일만 전대하는 사업 모델은 2019년 초 아이디어가 떠올라 적어놓은 아이템이었는데, 역시 시간 때문에 우선순위에서 뒤로 밀렸다.

어느 일요일 아침, 강의 준비를 위해 아파트 단지 내 상가에 있는 카페로 향했다. 일을 해야 하니 사람 많은 대형 프랜차이즈 카페보다 좀 더 조용한 카페가 나을 것 같았다. 1층은 아무래도 시끄러울 것 같아 3층으로 올라갔는데 문이 닫혀 있었다. 다시 4층으로 발걸음을 옮겼다. 그런데 여기 카페도 문이 닫혀 있는 게 아닌가. 일요일은 아무래도 카페를 찾는 손님이 적어 다들 쉬는 것 같았다. 이때 문득 떠오른 것이 카페 전대 사업이었다.

2019년 초부터 강의를 시작했는데, 주로 직장인들이 참석하다 보니 토요일이나 일요일에 강의를 진행했다. 그런데 장소 예약이 문제였다. 알아보면 모임공간 등은 이미 예약이 다 찬 경우가 많았다.

'음, 이 카페 주인에게 매주 일요일은 내가 전대하겠다고 이야기를 해볼까?'

어차피 일요일은 매출이 일어나지 않는 카페다. 한 달에 네 번씩 고정적으로 임차(매월 약 60만 원 정도)한다면 추가 매출이 일어나 카페 주인 입장에서도 나쁘지 않을 거라 생각했다. 그리고 강의를 할 때마다 공간을 빌리는데 매번 20~30만 원을 낸다. 이런 카페를 빌리면 공간 사용료를 반값으로 할 수 있으니 좋지 않은가.

여기까지 생각이 이르자 아이디어가 마구 솟구쳤다. 생각 확장을 하기 시작했다.

'차라리 일요일에 쉬는 전국 카페 사장님들과 협의를 해볼까? 그분들과 일요일에만 사업장을 임차하는 협약서를 쓸까? 그다음 전국에 있는 강사들과 협의해 일요일 공간임차협약서를 작성하는 거야. 이렇게 되면 공간 임대 플랫폼 사업을 하게 되는 건가?'

다양한 생각을 이어갔지만 결국 우선순위에서 밀렸다. 곰곰이 생각해 보니 이 사업은 노동력 비즈니스라는 사실을 깨달았기 때문이다. 양쪽 편(카페 사장, 강사)에 있는 사람들을 발굴하고 협약을 중개하는 역할을 해야 한다. 직장에 매여 있는 시간이 많은 직장인이 하기엔 어렵다고 생각했다.

이런저런 고민 끝에 나에게 우선순위가 높은 투자나 사업은 노동력 기반이 아니라 시간이 적게 드는 자본 또는 고부가가치가 기반이어야 한다는 사실을 깨달았다. 만약 여러분이 직장인이라면 또는 시간이 부족한 사람이라면 노동력을 기반으로 하는 경로들은 과감히 뒤로 밀어두자. 노동력을 기반으로 하는 투자나 사업은 결국 다른 사람을 고용해야 한다. 그 일은 나중에 해도 늦지 않다.

노하우가
필요한 일인가

세상에는 쉬운 일과 어려운 일이 있다. 당연히 쉬운 일은 진입장벽이 낮고, 어려운 일은 진입장벽이 높다. 당신이 지금까지 무슨 일을 어떻게 해왔는지에 따라 진입장벽의 높낮이와 할 수 있는 일과 할 수 없는 일이 결정될 것이다.

만약 디자이너라면 그림을 그리거나 홈페이지를 만드는 일은 누구보다 쉽게 할 수 있을 것이다. 일반 사무직 직장인이 홈페이지를 개설하려면 돈을 주고 누군가를 고용해야 할텐데 말이다. 회사 재무팀에서 일하며 세금 등의 업무를 하는 사람이라면 본인의 소득세 내는 일은 눈 감고도 해낼 수 있을 것이다.

아이디어를 실행할 때는 이전까지 해온 일이나 경험에 따라 난이도가 달라진다. 어떤 일을 실행하려면 꼭 필요한 역량, 즉 핵심역량이 있어야 한다. 일의 난이도에 따라 어떤 아이디어는 기술, 노하우, 경험 중에서 한 개의 핵심역량만 갖추면 되는 반면 어떤 아이템은 5~6개의 핵심역량을 갖춰야 성공할 수 있다.

예를 들어 '상가를 경매로 낙찰받은 후 임대수입 올리기'라는 경로를 설정했다고 가정해보자. 이 일을 성공시키려면 어떤 상가가 좋은지 알아보는 능력이 필요하고 권리분석, 경락대출 등 경매에 대한 이해도가 있어야 한다.

인테리어 능력도 필요할까? 필요하지 않다. 상가를 사용할 임차인이 인테리어를 맡기 때문이다. 투자자는 좋은 입지에 있는 사용하기 편한 상가를 최소한의 자금으로 투자하는 능력만 갖추면 된다. 필요한 핵심역량의 수가 많지 않다.

'소호사무실 만들어 임대하기'는 어떨까. 이 사업을 성공시키기 위해선 4개 정도의 핵심역량이 필요하다. 첫째로 소호사무실로 잘 될 만한 입지나 상가를 고를 수 있어야 하고, 둘째로 인테리어 역량이 필요하다. 셋째로 온·오프라인 마케팅 역량이 있어야 하고, 넷째로 사무실 운영 역량이 요구된다. 이 정도의 역량을 갖춰야 비로소 어느 정도 성공할 수 있다.

물론 맨땅에 헤딩하듯 처음부터 할 수도 있다. 하지만 만약 '상가를 경매로 낙찰받은 후 임대수입 올리기'라는 경로를 먼저 실행했다면 '소호사무실로 잘 될 만한 입지나 상가 고르기'에 필요한 역량은 일부 갖춘 채 시작할 수 있다. 이미 어떤 상가 입지가 좋은지 지식과 경험을 쌓았기 때문이다.

앞서 이야기한 '모텔을 고시텔로 바꿔 운영하기'는 어떨까? 내가 볼 때 가장 많은 핵심역량이 필요한 경로가 아닐까 싶다. 첫째, 모텔을 경매나 일반 매매로 매입한 뒤 좋은 조건의 대출을 찾는 능력이 필요하다. 둘째, 고시텔로 적합한 입지를 선별해낼 수 있어야 한다. 셋째, 법적·건축법적(소방시설 필요 여부, 주차장 요건 등) 검토를 할 수 있어야 한다. 넷째로 인테리어 능력이 필요하고 다섯째로 마케팅 능력이, 여섯째로 고시텔 운영 능력이 있어야 한다. 아무런 경험도 없는 부동산 투자자가 이 경로부터 도전한다면 너무 어렵지 않을까?

하지만 앞서 말한 두 가지 경로(상가를 경매로 낙찰받은 후 임대수입 올리기, 소호사무실 만들어 임대하기)를 완료한 투자자라면 도전할 만하다. 이미 첫째, 둘째, 넷째, 다섯째, 여섯째 능력을 어느 정도 갖추고 있기 때문이다. 역량을 갖추면 일이 한결 수월해지고 성공할 가능성도 높다.

가끔 파주나 구리에 있는 대형 음식점이나 대형 카페를 간다. 이런 곳을 방문할 때마다 '이곳의 주인은 처음 열 때 가게를 어느 정도 규모로 시작했을까?'를 상상한다. 부모님이 물려주지 않았다면 아주 작게, 구멍가게 수준으로 시작했을 것이다. 맛있는 음식을 만들어 팔면서 장사 노하우를 익혀 조금씩 성공의 길을 걷지 않았을까. 그렇게 점차 규모를 키워 이제는 월매출이 중소기업 부럽지 않은 대형 음식점, 대형 카페로 성장했을 것이다. 첫술에 배부를 순 없다. 그러나 하다 보면 더 큰 성공을 이룰 수 있는 역량이 경험치로 쌓인다.

그래서 어떤 일을 시행하고자 할 때 여러 복합적인 핵심역량을 필요로 하는 일보다 한두 가지 핵심역량으로 실현 가능한 비교적 단순한 일을 골라야 한다. 그렇게 조금씩 노하우와 경험을 통해 핵심역량을 기른 후 일을 크게 벌여도 늦지 않다.

나에게 필요한 사람을 만나라

경로를 설정할 때 뭘 어떻게 해야 할지 생각이 잘 떠오르지 않는 경우가 많다. 이런저런 아이디어를 짜내지만 도통 생각이 안 날 수 있다. 많은 사람이 경험하는 일이다. 그럴 땐 어떻게 해야 할까? 답은 '누군가를 만나라'다.

지난 3년간 '월 600만 원 만들고 퇴사하기'라는 목표 아래 상가 투자, 태양광발전사업, 원룸 신축, 강의 수입 만들기 등을 진행했다. 이중 상가 투자를 제외하면 모두 다른 사람과 이야기하다 우연찮은 기회에 아이디어를 얻었다. 처음부터 나 스스로 아이디어를 낸 게 아니라는 말이다.

요즘 종종 '난 정말 운이 좋다'라는 생각을 한다. 우연히 만난 사람들과 대화하다 떠올린 아이디어로 목표를 달성했기 때문이다. 그런데 또 달리 생각하면 과연 운이 좋아서만 가능했을까라는 생각도 든다. 결국은 운과 노력의 결과물이 아닐까.

단순한 우연이 아닌
행운들

어느 날, 투자기관에 있는 PF 대출 담당자와 우연히 점심을 먹다 태양광발전사업이 높은 대출을 일으켜서 할 수 있다는 사실을 알았다.

10년 전이었다면 나는 이 대화를 그냥 흘려들었을 것이다. 나와 상관없는 이야기라고 치부했을 테니까 말이다. 하지만 당시의 나는 어떻게 하면 적은 금액으로 안정적인 월수입을 만들 수 있을지에 모든 신경이 쏠려 있었다. 뉴스를 봐도, 신문을 봐도, 예능 프로그램을 봐도 늘 그것을 염두에 뒀다. 그래서 이 대화가 사소하게 느껴지지 않았다.

식사를 마치고 회사로 돌아와 자산운용업계에서 태양광발전사업을 하고 있는 펀드 담당자를 수소문했다. 그 사람과 점심 약속을 잡고 이야기 나누며 어떤 방식으로 사업이 진행되는지 파악했다. 그렇게 하나의 투자가 시작됐다. 점심 시간의 우연한 대화가 아이디어를 떠올리게 했고 변화가 일어났다.

원룸 신축 역시 우연과 떼어놓을 수 없는 아이템이다. 적은 자금으로 높은 현금 흐름을 만들 수 있는 방법을 생각하다 경매가 떠올랐고, 바로 학원에 등록했다. 그때 같이 경매 스터디를 하던 분의 이야기가 내 머리에 확 꽂혔다.

"아는 사람이 40억 원짜리 건물을 통째로 매입했어요. 근데 놀라운 건 건물 매입에 자기 돈이 1억 원도 들지 않았다는 거예요."

예전의 나라면 속으로 콧방귀를 끼며 '사기당했네. 저러다 큰일 나지'라고 생각했을 것이다. 하지만 그때의 나는 달랐다. 전에는 잘 알아보지도 않고 사기라고 치부했다면 '사기나 거짓말인 것 같아도 최소한 알아보자. 한번 알아보고 거짓말이나 사기면 그때 접으면 되지'라고 생각했다.

스터디를 같이 하던 분께 부탁해 그 건물주를 찾아갔다. 친절하게 이것저것 설명해준 건물주 덕분에 많은 것을 깨달았다. 그날이 바로 내가 신축에 눈을 뜬 계기가 된 날이다. 경매 공부를 하다 우연히 좋은 스터디 멤버를 만났고, 우연히 건물주 지인에 대한 이야기를 듣다 원룸 신축을 접하게 된 것이다.

새로운 사람을
만나라

　　　　　　　사실 이 모든 것은 우연히 접한 다양한 사람들과의 대화를 통해 만들어졌다. 그러나 과연 우연이기만 할까? 기회가 우연히 찾아왔지만, 그 기회가 온 과정은 우연이 아니다. 예전이었다면 내가 그냥 지나치고 말았을 이야기를 목표라는 필터에 정보를 거르면서 대화에 집중했기 때문이다. 그냥 남의 이야기라고 치부할 것을 다시 한번 곱씹고, 기회를 잡기 위해 손과 발을 움직였다.

　그때부터 나는 일부러 원래 만나는 사람들과 완전히 다른 영역의 사람들을 만났다. 첫 직장이었던 IBM을 퇴사하고, 2005년 부동산 펀드를 운영하는 자산운용사(정확히 말하면 리츠운용사)에 들어와 거의 10년간 만난 사람들은 부동산 펀드매니저와 부동산 펀드 투자자들이었다.

　직장인들은 특별히 노력하지 않는 한 비슷한 일을 하는 사람들밖에 못 만난다. 그렇다 보니 언제 어디서 만나든, 밥을 먹든 술을 마시든 하는 이야기가 늘 비슷할 수밖에 없다.

같은 회사 동료라면 상사와 후배 이야기(혹은 뒷담화)나 변하지 않는 회사의 고질적인 문제에 대해 주로 대화한다. 같은 업계 사람이라면 해당 업계의 고만고만한 이야기들만 나눈다.

내가 부동산업계 사람들을 만나 하는 이야기도 늘 같았다. 요새 오피스빌딩 임차 시장이 어쩌고저쩌고, 누가 공격적으로 투자하고 있고, 대출금리가 어떻게 변할지 등 회사 업무 외에 새로운 이야기가 비집고 들어올 틈이 없다. 당연히 개인적인 투자 또는 사업과 관련한 번득이는 아이디어가 나올 리 없다.

그런데 '월 600만 원 만들어 경제적 자립하기'라는 목표를 잡는 순간, 내가 만나야 하는 사람이 달라졌다. 일상적으로 만나는 사람을 바꿔야 하는 순간이 찾아온 것이다. 내 개인적 투자와 부동산펀드 관련자(투자기관, 대형 부동산 관리업체, 회계법인, 법무법인)는 전혀 관계가 없다. 부동산 펀드는 몇백억, 몇천억 원 규모라 개인 돈으로 할 수 있는 영역이 아니기 때문이다.

업무 때문에 불가피하게 만나야 하는 미팅을 제외하고 내가 만나야 할 사람들을 체크했다. 개인 목표 달성 차원에서 만나야 할 사람들은 소액 투자자 또는 소액 사업가다. 일부러 그들을 찾아 만나기 시작했다.

처음에는 인맥이 없어 어디서 누구를 만나야 할지 고민이 됐다. 나는 내향적이고 쑥스러움을 많이 타는 편이라 사람을 잘 사귀는 스타일이 아니다. 그래서 관심 분야의 강의를 들으며 처음으로 다른 분야의 사람을 만났다. 경매와 부동산 투자 관련 강의를 주말에 들었는데 생각보다 30~40대 직장인이 많아 깜짝 놀랐다. 강의가 끝나면 늘 뒤풀이를 했는데 어색하지만 몇 번 참석하면서 몇 사람과 안면을 텄다. 또 강사가 권유한 스터디모임에서 마음이 맞는 사람이 생겼다.

직장, 나이 등은 달라도 같은 관심사로 수업을 듣는 사람들이라면 금세 이야기꽃을 피울 수 있다. 생판 모르는 사람과 갑자기 대화하라고 하면 공통점이 없어 어색할 수밖에 없다. 하지만 수강생들은 모두 돈을 내고 강의를 듣는 이들이다. 그 분야에 관심이 많다는 얘기다. 그래서 관련 분야의 이야기를 쉽게 꺼낼 수 있고 자연스레 다양한 의견도 주고받을 수 있다.

나 역시 새로운 분야의 사람들을 만나면서 기존에 생각하지 못했던 아이디어를 낼 수 있었다. 나는 2013년에 가지고 있던 아파트를 팔고 반전세로 살고 있어 청약 점수가 낮았다. 청약이란 먼 나라 이야기라고 여겼었는데 옆자리에 앉은 스터디 멤버가 새로운 사실을 알려줬다.

"중대형 평형은 추첨제가 있어요. 점수가 낮아도 청약이 가능하죠."

그의 말을 듣고 2017년 말 바로 서울의 중대형 평형으로 청약을 넣었다. 대출이 나오지 않는 중도금은 당시 살고 있던 아파트의 임대보증금을 바탕으로 전세자금대출을 받아 조달했다. 이때 청약 받은 아파트는 현재 가격이 많이 올라 그야말로 효자 역할을 톡톡히 하고 있다.

청약 가능성이 높은 평형을 찾아 청약하는 아이디어도, 그리고 기존 전세보증금을 토대로 생활안정자금이란 명목으로 전세자금대출을 받을 수 있다는 사실(지금은 규제가 많이 생겨 불가능할 수 있다)도 다 새로운 분야의 사람들과 교류한 덕에 알게 된 것이다.

나와 전혀 다른 분야에서 일하는 사람들을 만나면 새로운 시각을 배울 수 있다. 그들과 대화를 하면서 내가 가진 지식과 경험이 배로 증폭될 수 있다. 나는 이 과정을 통해 내가 가진 자금과 활용할 수 있는 시간 내에서 나름 수익률이 괜찮고 안정적인 투자를 찾아 실행에 옮겼다.

이 과정은 우연히 진행된 게 아니다. 아무도 만나지 않거나 남이 하는 이야기를 '별것 아니네, 저건 말이 안 돼' 하면서 흘려듣는다면 기회는 절대 찾아오지 않는다.

익숙한 집단 밖의
사람을 찾아라

사람의 발전을 이끄는 중요한 요소 중 하나는 '경험'이다. 그러나 모든 사람에게 주어진 시간은 하루 24시간으로 똑같기 때문에 경험을 쌓으려 해도 어느 정도 한계가 있다. 이를 극복할 수 있는 방법이 있다. 바로 '간접 경험'이다. 대표적인 간접 경험으로 독서가 있고, 또 다른 하나는 나와 다른 생각을 하는 사람과의 만남이다.

돌이켜보면 내 목표 달성에서 지난 3년(2016~2019년)과 그 이전 15년(2001~2015년)이 특히 달랐던 것은 폭발적으로 증가한 독서, 그리고 만나는 사람의 범주 확장이었다.

이 둘은 서로 연결된다. 모르는 분야를 공부할 때 가장 손쉽고 효과적이며 싼 방법이 책을 읽는 것이다. 저자가 경험한 수년간의 지식이 단돈 1~2만 원(물론 좀 더 비쌀 수 있다)에 녹아 있다. 그러나 분명 책만으로는 부족한 부분이 있다. 책은 여러 사람을 대상으로 쓰기 때문에 '나'에 특화된 지식을 습득하려면 책 내용을 실제 경험하거나 해결책을 지닌 사람을 만나야 한다.

즉 책을 읽고 대략적인 정보나 지식을 확인했다면 스스로 경험하며 온전히 자신의 것으로 만드는 과정이 필요하다. 또는 다른 사람을 만나 이야기를 들으며 그 정보와 지식을 내 것으로 만들 기회를 마련해야 한다.

나는 목표 달성을 위해 실제 경험을 쌓는 일뿐 아니라 사람 만나는 일을 게을리하지 않았다. 다른 사람을 만나야겠다고 생각하며 주의한 점은 두 가지다.

첫째, 불편하더라도 나와 다른 분야의 사람을 만난다. 나와 비슷하거나 같은 업계의 편한 사람만 만나면 비슷한 생각의 틀 속에 머문다. 반면 다른 분야의 사람을 만날수록 생각은 새로운 방향으로 뻗어 나가고 더 깊어진다.

요즘은 정말 다양한 분야의 사람들을 만난다. 아파트 투자자, 경매 투자자, 셰어하우스 운영자, 고시원 운영자, 에어비앤비 운영자 등 부동산 투자와 관련한 사람들을 만난다. 또 스터디카페 운영자, 소호사무실 운영자, 마케터, 심리상담가도 만난다. 그들과의 만남을 통해 다양한 기회에 대해 눈을 뜨고 생각할 힘이 생겼다. 의도적으로 다양한 분야의 사람을 찾고 만나는 일은 정말 중요하다.

둘째, 사람을 만나면 내가 가진 카드를 먼저 보여준다. '기브 앤 테이크Give and Take'라는 말이 있다. 그런데 아무도 '테이크 앤 기브'라고 하지 않는다. 내가 먼저 줘야 다른 사람도 내게 뭔가를 준다는 인생의 이치다. 내가 갖고 있는 카드를 먼저 보여주면 다른 사람이 나를 신뢰가 싹트면서 그때 본인 카드를 내게 보여준다.

사람들을 만나면 먼저 내 이야기부터 하는 편이다. 요새 어떤 투자를 보는지, 고민하는 사업이 있다면 어떤 이유인지, 누구에게 무슨 이야기를 들었는지 등을 이야기한다.

"전 요새 소호사무실을 준비하고 있어요. 강남이나 시내 한복판에 있는 멋진 공유오피스 같은 건 아니고요. 외곽에 조금 입지가 안 좋은 곳에 말이죠. 제가 잠실 살다 강동구로 이사했는데, 마음에 드는 소호사무실이 없더라고요. 점점 1인 기업가가 늘어나는 추세라 앞으로 조그만 소호사무실은 계속 필요할 거 같다는 생각이 들었거든요. 외곽이라 싼 임대료에 빌릴 수 있는 건 덤이죠."

이런 식으로 요새 하는 생각을 내가 가진 지식과 경험에 비추어 이야기한다. 그러면 내 이야기를 들은 상대방도 서슴없이 아이디어를 준다. 내가 가진 지식을 오픈해서 이야기했기 때문에 상대방도 자신의 이야기를 스스럼없이 알려주는 것이다.

그런데 만약 처음 만나 이렇게 묻는다면 어떨까?

"안녕하세요, 반갑습니다! 일산 아파트에 투자하셨다면서요. 투자금은 얼마나 들어가셨어요?"

상대방한테 뭔가를 빼내려는 듯한 인상을 주면 자연스레 상대방도 마음의 문을 닫기 마련이다. 기브 앤 테이크는 꼭 기억해야할 중요한 명제다.

내가 현재 진행하는 강의 중 신축과 관련한 수업이 있다. 정규과정이 끝나면 스터디를 따로 모집해 수강생끼리 함께 공부할 수있게 판을 깔아준다. 스터디를 하면 생판 모르는 사람도 금방 친해진다. 1시간 정도 지나면 오히려 강사인 내가 대화에 끼기 어려울 정도다. 본인은 어디까지 알아봤고, 어떤 부동산에 갔더니이런 이야기를 하더라 하고 말하면 듣는 이도 맞장구치며 이야기한다.

새로운 분야의 사람을 만나기 어렵다면 어떻게 해야 할까? 내이야기를 잘 들어주는 사람이라도 만나라고 권유하고 싶다. 생각을 했다면 그것을 발산해야 한다. 누군가와 이야기하다 보면 내생각이 조금씩 정리된다. 그러면 갈피 잡지 못하던 아이디어가나름 명확해지고 방향성을 갖춘다. 그래도 못하겠다면 블로그 등에 글로 적으면서 생각을 정리해보시라.

대화 상대가 이 분야에 대해 잘 몰라도 상관없다. 성인이라면 상대가 이야기할 때 타당한지 아닌지 정도는 알 수 있지 않을까? (우리가 양자물리학에 대해 말하는 것도 아니고 말이다.) 또 내가 말하면서 다른 아이디어가 떠오를 수 있고, '내 아이디어지만 말이 안 돼!'라고 생각을 정리할 수도 있다. 누구든 상관없다. 물론 새로운 아이디어를 발견하는 데 도움을 줄 수 있는 사람이 더 좋지만, 내 이야기를 성의 있게 들어주는 사람이라면 누구라도 괜찮다. 말을 하다 보면 길이 조금씩 명확해지는 것을 스스로 느낄 수 있을 것이다.

나의 경로
선택 이야기

2016년부터 생각나는 대로 여러 경로를 적었지만, 어떤 것부터 실행해야 할지 고민이었다. 수십 가지에서 몇 개로 추린다 해도 그중 무엇을 먼저 선택할지도 어려웠다. 그래서 1차적으로 추린 경로들을 꼼꼼히 살피면서 무엇을 먼저 해야 하고 나중에 해야 할지 결정했다. (앞서 말했지만 적은 경로들은 버리지 말아야 한다. 미래를 위한 귀한 아이디어들이다.) 최종적으로 상가 투자, 원룸 신축, 태양광발전 사업을 다음과 같은 고민의 과정을 거쳐 선택했다.

상가,

높은 수익률을 찾아서

월 600만 원 만들기란 목표를

정하고 머릿속에 처음 떠오른 아이디어는 상가 투자였다. 경로

선택 기준으로 제시한 사항 중에 '노하우가 쌓여있는가'라는 항

목이 있는데, 상가는 노하우 측면에서 그야말로 내게 딱 맞는 투

자라고 생각했다.

2005년부터 회사에서 부동산 펀드매니저로 일하며 오피스빌

딩에 투자했다. 자연스럽게 수익형 부동산에 대한 경험과 인사이

트가 쌓였다. 물론 상가는 오피스빌딩과 완전히 다른 분야지만,

수익형 부동산이라는 큰 틀에서 보면 노하우가 쌓였다고 볼 수

있었다.

또 하나의 경로 선택 기준인 '그 일을 할 시간이 있는가?' 측면

에서도 상가는 적합한 투자였다. 상가의 가장 큰 장점은 내부 인

테리어를 임차인이 한다는 것이다. 임대업 중 원룸 같은 경우가

손이 많이 간다. 가전이나 보일러 등을 넣어줘야 하고 내부 벽지

나 조명, 화장실 등에 문제가 생기거나 고장이 나도 임대인이 해

결해야 한다. 수리비도 만만치 않지만 수리업체와 연락해 시간을

조율해야 한다. 들어가는 시간과 정신적 스트레스가 적지 않다.

반면 상가는 내부 인테리어를 임차인이 한다. 내부 상수관에서 물이 샌다든가, 냉장고가 망가졌다든가, 에어컨 작동이 안 된다든가 등 뭔가 문제가 생겨도 임차인이 알아서 고친다. 건물 외부도 예외가 아니다. 예를 들어 누수가 생기면 상가 건물에 있는 관리사무소에서 처리한다.

다른 장점도 있다. 임차인이 내부 인테리어를 하고 상가에 들어오면 오래 머무르려 한다는 점이다. 인테리어 공사에 5,000만 원에서 1억 원까지 들어가는데 6개월 영업하다 잘 안 된다고 철거 비용으로 1,000만 원을 쓰며 나가려 하겠는가. 당연히 최대한 영업을 잘해보려고 노력한다. 정 안되면 시설 권리금이라도 받기 위해 다음 임차인을 찾는 수고를 아끼지 않는다. 임차인을 구하기 위해 내가 직접 부동산중개업소와 연락하는 시간을 최소화할 수 있다.

또 하나, 월 600만 원의 수입을 만들기 위해서는 월세가 필요하다. 그 측면에서도 상가 투자는 목표에 잘 맞았다. 상가 투자의 장점은 높은 수익률이다. 처음 투자한 상가가 연 14퍼센트 정도의 월세 수입을 가져다주었다. 자기자본 1억 1,000만 원(물론 부동산 매입가는 3억 7,000만 원으로, 나머지 금액은 대출 및 임차인 보증금으로 충당)을 투자해서 월 130만 원 정도(월세 190만 원에서 대출이자를 차감한 금액)를 받았다. 꽤 높은 수익률이다.

부동산 투자에서 사람들이 가장 많이 떠올리는 대상은 아파트다. 아파트는 월세 수입보다 시세차익을 얻기 위해 투자하는 경우가 많다. 아파트의 월세 수익률은 연 2퍼센트 정도라 투자한 자본 대비 매월 들어오는 현금이 많지 않다. 내가 생각한 목표와 아파트는 맞지 않았다.

지인 중 한 명은 투자한 아파트의 월세 수입보다 대출이자가 더 많아 본인 월급에서 대출이자를 낸다. 물론 그 아파트는 지난 2년 사이 시세가 엄청나게 올라 대출이자를 모두 합한 금액보다 엄청 큰 수익을 그에게 안겨줬다.

그러나 내 생각에 아파트는 돈을 불리는 게 목표인 사람에게 좋은 투자처다. 나처럼 매월 꾸준한 현금 흐름이 목표인 사람에겐 적합하지 않다. 이처럼 자신이 원하는 바가 확실해야 다른 사람의 이야기에 휘둘리지 않는 힘이 생긴다.

정리하면 상가 투자라는 경로는 첫째, 내가 가진 노하우, 둘째, 시간적인 자유, 셋째, 높은 월세 수익률 측면에서 내 목표와 딱 맞았다. 그러니 추진을 안 할 이유가 없었다.

안정적인 수익의 발판,
태양광발전사업

상가 투자의 단점은 뭘까? 바로 공실 가능성이다. 임대료를 싸게 한다고 해서 임차인이 바로 들어오는 게 아니다. 임차인의 필요에 따라 선택받는 운명이다. 상가는 공실이 나면 최소 3~6개월씩 지속되기도 한다.

나는 세 개 호수가 있는 상가를 경매로 낙찰받았다. 그중 한 개는 명도하자마자 바로 임차가 맞춰졌다. 또 다른 두 개 호수도 명도하고 2개월 후 계약(두 개 호수를 합쳐서 사용)하겠다는 임차인이 나타났다. 부동산중개업소에 들러 임대차 계약을 하다 임차인이 하려는 업종이 상가의 다른 임차인과 겹친다는 사실을 알게 되었다.

상가 관리규약상 동일 업종이 한 상가에 있어도 문제는 없다. 하지만 괜히 임차인 간에 분쟁이 생길까 봐 계약하지 않았다. '이 임차인과 계약하지 않아도 곧 다른 사람이 들어올 텐데, 굳이 분란 일으키지 말자'라는 생각이었다. 그런데 이게 웬걸, 6개월이 지나도 임차인이 나타나지 않았다. 1년이 지나서야 겨우 임차가 됐는데 그때 상가의 공실이 참 무섭다는 걸 뼈저리게 느꼈다. 내가 그 자리에서 직접 장사를 하지 않는 한 원하는 누군가가 나타

날 때까지 무작정 기다려야 하니 말이다.

상가 공실이 무서운 까닭은 월세가 들어오지 않으면 내 돈으로 대출이자와 상가 관리비를 내야 하기 때문이다. 공실일 때 해당 상가의 수입은 0원이 되는 게 아니라 '-○○만 원' 정도(상가마다 다르겠지만)의 손실이 발생하는 구조다.

이런 상황을 겪고 보니 내 목표를 달성하기 위한 경로 중 공실 리스크가 낮으면서 현금 흐름이 안정적인 투자가 무엇인지 고민하게 되었다.

그때 눈에 들어온 것이 태양광발전사업이었다. 태양광발전사업은 상가와 판이하게 달랐다. 알아보면 알아볼수록 안정적인 현금 흐름이 매력적으로 보였다. 태양광은 공실이 없다. 태양은 매일 하늘 위에 뜬다. 물론 비 오는 날도 있고, 흐린 날도 있고, 눈 오는 날도 있지만 1년 중 많은 날에 태양이 뜬다.

경로 선택 기준에서 세 가지 조건에 부합했다.

첫째, 내가 가진 자금에 맞는가?

둘째, 그 일을 할 시간이 있는가?

셋째, 노하우가 쌓였는가?

태양광발전사업은 기본적으로 시설자금대출이라 대출이 높은 비율로 나온다. PF대출이라는 프로젝트 기반의 대출도 가능하다. 시설자금대출보다 더 많은 돈이 필요하면 PF대출을 이용하면 된다.

시간적인 측면을 살펴보면 처음 설비를 설치하는 데까지는 각종 인허가 등 많은 노력이 들어간다. 하지만 한번 설치하면 그 이후엔 많은 관리 노력이 필요하지 않다. 한 달에 두 번 세금계산서를 발행하고, 매년 6월쯤 제초를 하는 정도다.

노하우 측면이 살짝 걱정됐지만, 내가 가진 인적 네트워크를 십분 활용할 수 있었다. 2006년에 함께 일한 동료가 다른 운용사에서 태양광 관련 PF대출을 맡고 있어 뭔가 막힐 때마다 자문을 받았다.

하지만 태양광에도 단점이 하나 있다. 바로 인플레이션에 취약하다는 점이다. 태양광의 수입은 '발전량×발전단가'로 결정된다. 발전량은 태양이 얼마나 비추는가에 따라 결정되니 매년 크게 다르지 않다. 그런데 문제는 발전단가의 변동성이다. 발전단가는 한국전력에서 전기를 사주는 단가 및 REC^{Renewable Energy} ^{Certificates}(재생에너지증명)라는 인증서의 시장가격으로 올라갈 수도, 내려갈 수도 있다.

20년 장기고정계약을 하면 20년간 발전단가를 특정 가격으로 고정할 수 있다. (나는 kw당 169원으로 발전단가를 20년 동안 고정했다.) 발전단가를 고정한다는 건 앞으로 물가가 올라도 내가 버는 돈은 똑같다는 의미다. 지금 버는 월 1,000만 원은 크지만 20년 후에는 어떨지 알 수 없다.

20년 전 짜장면이 얼마였는지 기억하는가. 2,000~3,000원 정도였는데 지금은 5,000~6,000원 정도 한다. 거의 두 배가 오른 셈이다. 인플레이션을 반영하지 않는 태양광발전사업은 현재는 안정적이지만 돈의 가치가 떨어지는 먼 미래를 고려하면 취약한 투자처였다. 그래서 이를 어떻게 극복할지 고민하기 시작했다.

원룸 신축으로 현금 흐름과 가치 상승, 두 마리 토끼를 잡다

2017년 중반, 적어놓은 경로 중 현재에도 현금 흐름이 안정적으로 나오면서 10~20년이 지나도 가치가 상승할 만한 투자처는 없는지 찾기 시작했다.

'시세차익을 얻기 위해서는 토지가 바탕이 돼야 할 텐데…, 그러면서 월세로 안정적인 수입도 내야 해. 뭐가 있을까?'

이건 마치 가격은 싸면서 좋은 품질의 물건을 찾는 행위와 같다. 즉, 말이 안 되는 조건이었다. 욕심내 다 가질 순 없다. 무언가는 포기해야 했다. 그래서 상가만큼은 아니지만 안정적인 월세 수익을 낼 수 있고, 또 토지를 깔고 앉아 먼 훗날 시세차익을 기대할 수 있는 원룸 건물을 짓기로 결심했다.

상가나 지식산업센터의 단점은 구분 건물이라는 것이다. 땅을 한 사람이 소유하는 게 아니라 몇십 명, 몇백 명의 사람이 함께 소유하는 구조라 나중에 땅의 가치가 오르고 건물이 낡았을 때 철거하고 새로 짓는 일이 쉽지 않다. 이해관계가 각기 다른 사람들이 모여 한 방향으로 뜻을 모으기는 어렵기 때문이다.

반면 원룸 건물은 비록 땅이 크진 않지만 내가 전체 땅을 소유하고 있어 주변이 개발되면 좋은 시점에 땅 전체를 팔거나 내가 직접 개발할 수 있다.

원룸 투자의 또 다른 장점은 낮은 공실 리스크다. 물론 외진 지역에 아무렇게나 지으면 당연히 공실이 생길 수밖에 없다. 하지만 어느 정도 임대가 검증된 지역, 역세권이나 직장 또는 학생 수요가 있는 지역을 선택한다면 공실 리스크를 최소화할 수 있다. 50만 원 월세에 임차가 들어오지 않으면 45만 원으로 낮추면 된다. 45만 원에도 안 들어오면 40만 원으로 낮추면 된다.

상가는 이런 식으로 임대료를 낮춘다고 해도 임차인이 들어오지 않는다. 신도시 상가들을 보면 반값 임대료를 제시해도 공실인 곳이 많지 않은가. 부동산의 성격마다 장단점이 다른 것이다.

단, 원룸 신축은 준공한 뒤에도 계속 건물 관리와 임대 관리가 필요하다는 단점이 있다. 시간을 최소한으로 들이는 것이 내 경로 선택의 한 축이기 때문에 이 부분이 계속 마음에 걸렸다. 그러나 모든 것을 만족시키는 투자는 어디에도 없다. 수익이 높으면 공실 리스크가 크고, 월 현금 흐름이 안정적이면 시세차익이 없다. 시세차익이 높고 수입이 안정적이면 관리하는 데 시간이 많이 들어간다.

나는 관리의 노력이 수반되더라도 원룸 건물을 신축하기로 했다. 그렇게 2018년에 토지를 매입하고, 2019년 초에 준공해 3개월간 임대를 맞췄다. 준공 후 임대 맞추는 3개월 동안 정말 많은 시간이 들어갔다. 준공하면 하자 보수도 필요하고, 임대를 맞춰야 하기 때문에 중개업소와 통화도 자주 해야 한다. 또 임대차 계약을 위해 중개업소에 직접 방문하는 일도 잦다.

그러나 초반 세팅만 끝나면 관리에 들어가는 시간이 확 준다. 월 8만 원 정도의 비용을 들여 청소업체를 고용하면 공용공간 청소와 재활용 쓰레기 공간을 쉽게 정리할 수 있다. 월 20~30만 원 정도에 임대 관리까지 다 해주는 업체를 활용할 수도 있다. 물론 상가나 태양광발전사업보다는 좀 더 관리 노력이 필요하다. 그래도 다행인 건 2년도 채 안 되는 사이 공시지가가 25퍼센트 올랐고, 실제 매매되는 땅값도 20퍼센트 상승했다는 사실이다.

큰 목표를 달성하기 위해 다양한 세부 경로들을 고민했고 경로 선택 시 나름의 기준을 정해 장단점을 비교했다. 그 결과, 앞서 설명한 대로 세 가지의 실현법이 나왔다. 자신이 어떤 목표를 선택하고, 어떤 세부 경로를 구상했는지에 따라 저마다 실현법은 다를 것이다.

이 일련의 과정에서 반드시 기억해야 할 것이 있다. 나에게 맞는 기준과 방법을 선택해야 한다는 점이다. 많은 사람이 선호하는 아파트 투자를, 나는 내 기준에 맞지 않아 실행하지 않은 것처럼 스스로 거름망을 만들 필요가 있다.

보여야
활용할 수 있다

"얘들아, 날도 좋은데 한강으로 자전거 타러 갈까?"

"우와! 좋아요. 자전거 꺼내 올게요."

신나서 달려가던 아이들은 자전거를 보고 실망스러운 표정을 지었다.

"아빠, 페달이 이상해요. 자전거 타러 가고 싶은데…."

큰아이가 탈 자전거의 페달에 문제가 생겨 페달을 바꿔야 했다. 분명 집안 어딘가에 안 쓰는 페달이 있었는데 막상 찾으려니 보이지 않았다. 이 서랍, 저 서랍을 뒤져도 도무지 나오지 않았다. '정말 개똥도 약에 쓰려면 없다'더니 지금 상황이 딱 그짝이었다.

이런 경우는 자주 있다. 안경 렌즈를 바꾸려고 하는데 안경점이 어디에 있는지 도통 생각이 나지 않았다. 우리 동네를 검색했더니 맨날 지나다니는 사거리에 안경점이 있었다. 그 거리를 매일 다녔는데 왜 한 번도 못 봤을까 하며 멋쩍게 웃은 적이 있다.

이런 일이 왜 생길까? 신경 쓰지 않아서다. 아이를 키우다 보면 종종 아이가 엄청난 관찰력을 선보여 깜짝 놀랄 때가 있다. 책장의 책 위치가 바뀐 것을 눈치챈다든가, 길거리에 살짝 바뀐 표지판을 알아차린다든가 하는 것 말이다. 그러나 어른들은 보통 그렇지 못하다. 나이를 먹을수록 점점 더 많은 정보를 접하는데, 그 모든 정보에 신경을 쓸 수 없기 때문이다. 필요 없다고 판단하면 아예 뇌에 들어오지 않는 것이다.

100퍼센트
몰입의 힘

나는 다양한 사람을 만나면서 많은 아이디어를 얻는다. 그런데 그 수많은 대화 속에서 유독 신축이나 태양광, 블로그를 활용한 강의 같은 아이디어가 머릿속에 남았을까?

나에게 필요한 유익한 정보라고 인식했기 때문일 것이다. 목표를 정한 후 나는 회사 밖에서 안정적으로 돈을 벌 수 있는 방법, 즉 경제적 자립을 할 수 있는 방법에 온 신경을 썼다. 내 에버노트에는 3년 후 목표인 '월 600만 원의 안정적인 수입을 얻고, 퇴사 후 내게 맞는 일을 찾는다'가 적혀 있었다. 매 반기 단위로 어떤 투자를 통해 월 얼마의 현금 흐름을 만들겠다는 경로들도 빼곡히 쓰여 있었다.

그때부터 내 뇌는 관련 분야의 이야기가 들릴 때 놓치지 않을 준비가 늘 되어 있었다. 그러자 예전엔 뇌 속으로 전달되지 않았을 정보가 속속 들어왔다.

10년 전의 나였다면? 당연히 스쳐 지나갔을 것이다. 반드시 기억하자. 무언가 중요하다고 생각하면 그에 필요한 정보를 흡수할 수 있도록 뇌를 세팅해봐야 한다. 내가 접하는 수많은 이야기 중 필요한 정보를 예전처럼 그냥 지나가지 않게 뇌를 미리 만들어두는 작업이 필요하다. 어떻게 해야 할까?

바로 적는 것이다. 그리고 적은 것을 여러 번 봐야 한다. 적고, 보고, 되뇌고, 또 보고, 또 되뇌고 이렇게 해야 필요한 정보를 뇌가 중요하게 인식한다.

나는 지금도 수없이 흘러가는 정보, 경험, 대화 중 내 목표와

책상 위에 붙여놓은 내 목표와 경로들

관련된 것을 놓치지 않기 위해 현재 시점의 목표와 경로를 적어 책상 앞에 붙여 뒀다.

개개인의 목표 시트에는 각기 다른 내용이 적혀 있을 것이다. 목표를 정했는가? 중간 경로를 정했는가? 30개가 있는가? 100개가 있는가? 그것들을 모조리 적어놓고 책상 앞에 붙여놓자. 책상 앞이든 스마트폰 메모장이든, 에버노트든, 다이어리든 상관없다. 화장실이나 부엌도 괜찮다.

매일 같이 볼 수 있는 곳이면 된다. 매일 보면 이전에는 보이지 않던, 엄밀히 말하면 그냥 스쳐 지나가던 블로그 포스팅이나 네이버 카페 글, 뉴스가 눈에 들어오기 시작한다. 유튜브에서 쳐다보지도 않던 영상을 터치해서 보게 되고, 사람들과의 대화도 무심코 흘려듣지 않게 된다. 나에게 필요한 정보들이 그렇게 하나둘 축적된다.

흘려듣지 않은 여러 정보가 모여 당신의 탄탄한 축이 만들어질 것이다. 반드시 적고 매일, 적어도 하루에 세 번 이상 보길 권한다. 그래야 실행할 수 있다. 목표만 적기 위해 지금 이 많은 작업을 하는 게 아니지 않은가.

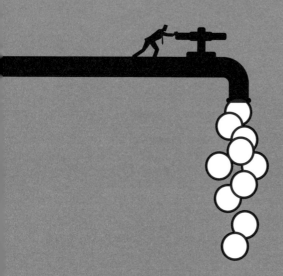

Chapter 4

자유를 향한 최강의 추진력

: 일단 행동하라

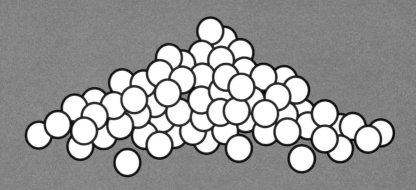

살아있는 경험의
위대함

사람들을 만나 대화를 나누는 건 간접 경험이다. 간접 경험의 좋은 점은 짧은 시간 안에 많은 경험을 집약적으로 얻을 수 있다는 것이다. 대화하는 상대방 또는 책 저자의 몇 년 치 경험을 단 몇 시간 만에 습득할 수 있다.

그렇지만 간접 경험에도 단점은 있는데 그것은 바로 직접 경험에서 나오는 깊이를 따라잡기 힘들다는 것이다. 실제로 한번 해보고 안 해보고의 차이는 꽤 크다. 경매를 공부하기 위해 학원에서 매주 1회씩 진행하는 6주 과정 정규 강의를 두 개 들었다. 꼬박 12주의 간접 경험을 한 셈이다. 여기에 관련 책까지 읽은 걸

합하면 꽤 많은 간접 경험의 분량인데, 지금 내 머릿속엔 강의와 책에서 배운 내용보다 실제 경험한 한 번의 경매 낙찰과 명도 경험이 더 진하게 남아 있다.

즉 살아있는 경험이 더 강력하다는 것이다. 법원에 가 직접 입찰가액을 적고, 60명 참여한 경매에서 43등으로 패찰도 하고, 낙찰도 받고, 법인 명의로 받아 경락대출도 알아봤다. 그렇게 한 달 동안 고생하고 나니 머릿속에 프로세스가 깊숙이 입력됐다. 직접 경험은 시간을 많이 투자해야 하지만 살아있는 지식을 얻을 수 있는 아주 좋은 방법이다.

사회초년생이었던 입사 초기, 부장님이 시켜도 하기 싫은 일이 있었다. 제안서를 작성해 입찰에 들어가는 일이었다. 이 업체는 분명 우리를 뽑지 않을 텐데 왜 공을 들여 써야 하는지 이해하지 못했다.

'똥인지 된장인지 꼭 먹어봐야 아나?' 하고 말이다. 하지만 지금은 생각이 달라졌다. 똥인지 된장인지 고민하는 시간에 차라리 그냥 한 번 맛볼 수 있다면 그게 훨씬 빠르고 유익한 일임을 깨달았다. 최종적으로 안 하기로 결정하더라도 경험하는 그 과정에서 최소한 뭔가 배울 수 있기 때문이다.

실제
행동하라

　　3년 목표를 세우고 2년, 1년, 6개월, 3개월 단기 목표를 촘촘히 배치했다면 이제 본격적으로 경험을 할 때다. 중간 경로가 조금 마음에 들지 않아도 괜찮다. 중간 경로를 조정할 기회는 수없이 많다. '무엇을 할까?', '이게 정말 나에게 맞을까?'와 같은 고민이 계속된다면 그때가 바로 아무거나 한 번 해보기 가장 좋은 시점이다.

　'경매라는 투자가 나와 맞을까? 맞지 않을까?' 하는 고민은 사실 해보기 전까진 정확히 알 수 없다. 해봐야 알 수 있다. 적은 금액으로 경매를 한 건이라도 해봐야 나와 맞는지 아닌지 확실하게 알게 된다. 이렇게 뭔가 해본 뒤 아닌 것을 하나씩 지워나가면 자신에게 맞는 일을 찾기 쉽다.

　목표 달성을 위한 경로를 아직 찾지 못했는가? 아마 그 이유는 머릿속으로만 생각하고 실제로 해보지 않았기 때문일 것이다. 해보지 않으면 무엇이 좋을지 긴가민가하다.

　작년 봄, 독서모임을 한번 해보고 싶었다. 투자 관련 강의를 주로 하다 보니 블로그 이웃과 이야기를 나눌 때도 돈에 관한 이야기만 주로 하게 된다. 관계가 좀 딱딱해지는 것 같아 블로그 이웃들과 좀 더 따뜻한 교감을 나눌 수 있는 자리를 찾다 독서모임을 기획했다.

독서모임 아이디어를 떠올리자 머릿속에 여러 가지 생각이 들기 시작했다. 평소 책을 천천히 읽는 편인데, 기한을 두고 읽어야 하는 독서모임이 나와 맞을지 의문이었다. 인문서가 좋을지, 경제경영서가 좋을지도 고민이 됐다. 여느 독서모임과는 차별화하고 싶은데 어떤 방법이 좋을까 생각도 했다. 이런저런 질문에 대한 답을 찾아 결정을 내리려고 하니 머리가 지끈지끈했다.

그러다 똥·된장 이야기가 떠올랐다. 똥인지 된장인지 모르겠으니 일단 찍어 먹어보기로 했다. 그렇게 마음을 먹고 바로 블로그에 독서모임 진행 공지를 올려 6명의 인원을 모은 다음 모임을 시작했다.

그렇게 6명이 모여 책뿐만 아니라 인생에 대해서도 많은 이야기를 나눴다. 오고가는 대화 속에서 마음의 위안을 받기도 했다. 반대로 전혀 예상치 못한 느낌도 받았는데 바로 모임 진행에 대한 스트레스였다.

나는 기본적으로 사람들의 눈치를 많이 보는 편이다. 내가 주최하는 모임에 온 사람들 모두가 만족하길 원한다. 그래서 대화에 소외된 사람이 눈에 띄면 어떻게든 말을 붙여 아무도 소외되는 사람이 없도록 신경 쓰는 편이다. 이런 성격 때문에 독서모임 내내 누가 말을 얼마나 하는지 계속 신경 써야 했다. 말을 많이 하지 못한 사람에게 질문하고 지속적으로 대화에 참여할 수 있도록 도왔다. 그런데 이렇게 진행하는 일이 버겁고 힘들게 느껴졌다.

강의할 때는 강사인 나 혼자 떠들고 수강생은 듣기만 해서 누가 말을 하는지 신경 쓸 필요가 없다. 1:1 미팅도 어차피 둘만 있으니 온전히 상대방만 신경 쓰면 된다. 하지만 모임은 소규모라 해도 전체 인원에 대해 신경 써야 한다는 점이 다르다.

만약 독서모임을 어떻게 진행할지 3개월 이상 고민하고 기획했다면 달랐을까? 어떤 분야의 책을 선정할지, 다른 독서모임과 어떻게 차별화할지, 동일한 인원으로 계속할지, 아니면 모임마다 다른 사람으로 구성할지 등을 깊게 고민했다면 어땠을까? 아니, 그래도 나는 당황했을 것이다. 독서모임은 전체 인원에 대해 신경 써야 해서 나랑 잘 맞지 않는다는, 전혀 생각지도 못한 사실을 깨달았을 테니 말이다. 고민한 시간이 아깝지만, 분명 바로 접었을 가능성이 높다.

기획은 짧게,
행동은 빨리

이제는 어떤 아이디어가 떠오르면 기획은 최대한 짧게 한다. '에라 모르겠다. 일단 해보지, 뭐'라고 생각하며 테스트 삼아 일을 진행한다. 한번 해보면 머릿속으로는 도저히 떠올릴 수 없는 새로운 사실(이를테면 모임 진행에 스트레스를 받는다)을 깨달을 수 있다.

그만큼 머릿속 기획보다 경험이, 간접 경험보다 직접 경험이 훨씬 더 많은 깨달음을 준다. 기획에 너무 많은 시간을 들이기보다 일단 직접 경험해보자. 깨달음의 깊이가 다를 것이다.

요즘 부동산 포트폴리오를 넓히기 위해 지식산업센터에 대해 알아보는 중이다. 관련 서적을 읽고 강의를 들으며 대략적인 지역별 임대가와 매매가를 익히고 있다. 그러다 차라리 현장에 한번 다녀오는 게 도움이 되겠다 싶어 성수동, 문정동, 가산 등을 쫙 돌았다. 책을 읽고 강의를 들을 땐 잘 기억하지 못한 지역별 임대가격, 매매가격, 수익률이 한 번에 머릿속에 쑥 입력됐다. 직접 경험을 통해 얻은 지식은 각인이 잘 된다는 사실을 다시 한번 깨달았다.

이런 말이 있다. '해도 후회, 안 해도 후회!' 그렇다면 하고 후

회하는 편이 훨씬 낫다. 뭐라도 배운다. 머릿속에 2주 넘게 할지 말지 떠도는 생각이 있다면 지금 당장 책을 덮길 바란다. 그 생각을 먼저 실행해본 뒤 다시 이 책을 펼치길 권한다.

실행하면
알게 되는 것들

건물을 지을 만한 적당한 토지를 찾기 위해 서울 구석구석을 돌 때의 일이다. 물론 서울엔 빈 땅이 없다. 그래서 20~30년 된 단독주택이 있는 토지를 먼저 구한 다음 단독주택을 허문 뒤 새롭게 건물을 지으면 된다. 약 5개월 정도 신축 관련 공부를 하고 처음 부동산중개업소를 찾아 갔다.

먼저 서울 구로구 대림동부터 들렀는데 두 가지 이유에서였다. 첫째, 당시 다니고 있는 직장이 여의도라 점심시간을 이용해 다녀오기 편한 곳이었다. 둘째, 미래가치 때문이었다. 앞으로 교통망이 좋아질 곳에 신축하고 싶어 새로 생기는 철도망에 대해 조사했는데, 신안산선 부근이 가치가 좋아질 것 같았다.

그런데 처음 임장을 간 중개업소에서 펼쳐진 일은 내 예상과는 완전 딴판이었다. 예전에 아파트를 매입하려 중개업소에 갔었는데 그 뒤에도 여러 번 전화를 걸어와 귀찮았던 기억이 있다. 그래서 이번에는 절대 전화번호를 알려주지 않겠다고 마음먹었다. 그런데 예상이 완전히 빗나갔다.

생각실현가	"안녕하세요, 사장님. 신축할 토지를 찾고 있는데요."
사장님	(슬쩍 한번 쳐다보고는 퉁명스럽게) "그런 거 없어요."
생각실현가	"네? 아예 하나도 없어요?"
사장님	"네, 없어요."
생각실현가	"그럼 혹시 나오면 연락 주시겠어요? 연락처 남길게요."
사장님	"여긴 물건 나오지도 않아요!"

예상과 달라도 너무 달랐다. 이 중개업소만 불친절한 줄 알고 그 옆에 있는 중개업소를 방문했는데 그곳도 같은 반응이었다. 세 번째로 간 곳도 마찬가지였다. 네 번째로 들른 중개업소에서 겨우 자리에 앉을 수 있었다. 사장님과 대화하며 내 문제점이 뭔지 알게 됐다.

회사 점심시간을 이용해 나왔으니 내 복장은 당연히 양복에 넥타이 차림이었다. 이 모습이 마치 다른 중개업소의 매물을 빼돌리려는 사람 복장 같다고 했다. 전혀 예상치 못한 사태였다. 이후 나는 신축용 토지를 구하러 중개업소를 다닐 때는 면바지에 운동화를 신는다. 신축용 토지를 구하는 사람 중 직장인은 많지 않다. 대부분 이 일을 업으로 하기 때문에 편한 복장으로 다닌다. 나처럼 양복 입은 사람은 매수자로 보이지 않는다는 사실은 경험하지 않고서는 절대 알 수 없다. 어떤 일을 하든 빠른 행동이 중요하다는 사실을 새삼스레 실감했다.

빠른 결정을
내리기 위해

신축용 토지를 구하며 또 하나의 새로운 사실을 깨닫는 데는 그리 오래 걸리지 않았다. 마음에 드는 토지가 잘 나오지 않는 와중에 어쩌다 한번 마음에 드는 토지가 나왔다. 나름 꼼꼼하게 건축사를 만나 상담하고 가설계를 뽑았다. 주변 다른 부동산을 돌며 임대 시세도 체크했다. 고민 끝에 중개업소에 그 토지를 사겠다고 이야기했다.

"사장님, 그 토지 나간 지 2주는 됐어요. 진작 알려주셔야지, 이제 말씀하시면 어떡해요."

그렇다. 내가 보기에 좋은 토지는 남이 보기에도 좋다. 아파트와 달리 매물이 많지 않고 빠르게 결정하는 업자(토지를 매입해 집을 짓고 파는 일을 전문으로 하는 사람, 흔히 '집장사'라 한다)들과 경쟁해야 하기 때문에 토지 매입은 이틀 안에 결정해야 한다. 나처럼 2주씩 고민하면 좋은 토지는 절대 살 수 없다. 책 보고 강의 듣고 블로그를 읽는다고 알 수 있는 내용이 아니다. 직접 경험해야 알 수 있는 것들이 생각보다 아주 많다.

이런 경험 이후 나는 무엇을 준비했을까? 세 가지 도구를 마련하기로 했다. 첫째, 나 혼자 판단하는 건 절대 무리이므로 하루 만에 빠르게 검토할 수 있는 사람, 믿고 의지할 수 있는 건축사가 한 명 필요하다. 둘째, 지역별 임대 시세에 대한 앞선 분석이 필요하다. 토지를 보고 시세를 파악하는 동안 좋은 물건을 놓칠 수 있다. 셋째, 수익성 분석 속도를 높이기 위해 숫자 몇 개만 넣으면 빠르게 결과치를 볼 수 있는 엑셀 파일을 미리 만들어야 한다. 이 세 가지 도구를 철저히 준비하고 나니 이제 토지를 받으면 나도 하루 만에 투자 결정을 내릴 수 있게 됐다.

내가 신축에 대해 완벽하게 공부한 후 토지를 매입하기로 결정했다면 어땠을까? 당연히 훨씬 더 많은 시간을 낭비했을 것이다. 1년을 공부하고 중개업소에 가더라도 앞서 마주친 어려움을 마찬가지로 겪어야 하기 때문이다. 공부가 필요 없다는 말이 아니다. 분명 어느 정도의 사전지식은 반드시 필요하다.

내 경험상 1개월 정도 공부하고 바로 현장에 나가보는 방법이 가장 좋은 것 같다. 일단 행동하면서 공부와 현실이 어떻게 다른지 깨닫고, 다시 부족한 부분을 공부한 후 본격적으로 실행하는 방식이다.

공부 → 테스트 실행 → 다시 공부 → 본격적으로 실행

이렇게 하면 실행했을 때만 알 수 있는 것들을 빠르게 내 것으로 만들 수 있다.

시험 삼아 해보자

내가 블로그를 통해 진행한 강의 중 지식기업가 양성프로그램이 있다. 강의에 참여한 항공사 승무원 출신 A는 퍼스널컬러^{Personal} Color 컨설턴트와 같은 패션 관련 일을 원했다. 그 역시 블로그를 하는데, 어느 날 패션 관련 컨설팅 문의가 들어왔다. 아직 컨설팅 프로그램을 짜지 못했지만 어떻게 할지 고민하다 일단 맡기로 했다. 대신 컨설팅 비용은 생각한 금액보다 많이 할인하기로 했다.

A는 몇 차례 컨설팅을 진행한 이후 나와 대화를 나누었는데 생각지도 못한 것을 깨달았다고 했다. A가 처음 퍼스널컬러 컨설팅 대상으로 삼은 고객층은 자녀 학교 모임에 가야 하는 전업맘

이었다. 그런데 컨설팅을 신청하는 사람은 주로 워킹맘이나 조만간 다시 복직해야 하는 예비 워킹맘이었다. A는 아이를 키우느라 본인을 가꾸는 데 조금 소홀했던 전업맘이 이 분야에 관심을 가질 거라 생각해서 '새 학기, 학부모 모임에 나갈 때 꾸미는 방법'이라는 내용으로 커리큘럼을 만들고 있었다. 그런데 막상 몇 차례 컨설팅 상담을 하고 보니 이 컨설팅이 필요하고, 또 비용을 기꺼이 지불하려는 수요층은 따로 있다는 사실을 깨달았다는 것이다.

나와 생각이
다를 수 있다

여기서 우리는 두 가지를 알 수 있다. 첫째, 실제 세상은 머릿속 예상과 완전히 다를 수 있다. 나는 사람들이 뭘 좋아하고 싫어할지 예측할 수 있다고 생각했는데, 전혀 그렇지 못했다.

신축 강의를 할 때 '일조사선 그리기'라는 실습과정을 넣었다. 일조사선이란 내가 새로 짓는 건물이 다른 건물에 들어가는 햇볕을 막지 않도록 일정 거리 이상을 지켜 건축하는 것을 말한다. 보통 건축 규모에 가장 큰 영향을 미치는 중요한 사안이 바로 일조사선이다.

처음 수업 준비를 할 때 수강생들이 이 실습 시간을 시간 낭비라고 생각할 것 같아 고민했었는데. 결과는 정반대였다. 강의 시간에 열심히 일조사선을 그리면서 "어! 이거 왜 생각대로 안 되지?"라고 흥미를 느끼는 수강생들을 보며 사람은 누구나 스스로 해보는 것을 좋아한다는 사실을 몸소 깨달았다. 실제 해보면 반드시 뭔가를 깨닫는다. 내가 생각한 것과 다른 부분이 분명 나온다. 그 과정에서 머릿속으로 아는 것과 손으로 아는 것을 분리하면 앞으로 한 단계 나아갈 수 있다.

둘째, 처음에 들인 시간이 적어야 빨리 수정할 수 있다. A가 커리큘럼을 전업맘에 맞춰 한참 공들여 개발한 후 컨설팅을 했다면 어떻게 됐을까? 2개월이나 공들여 커리큘럼을 개발했는데, 전업맘들로부터 문의가 오지 않는다고 커리큘럼을 쉽게 포기할 수 있을까? 아마 그렇지 않을 것이다. 들인 시간과 노력이 있어 쉽게 포기하지 못한다. 광고나 마케팅이 부족하다고 생각해 그쪽으로 돈을 투자할 확률이 높다.

무자본창업 관련 강의를 듣다 보면 이런 이야기를 많이 한다.

"일단 팔고, 그다음에 제품을 만들어라!"

이렇게 말하는 까닭은 오랜 시간을 들여 제품을 만들었는데, 막상 안 팔리면 제품 만든 시간을 낭비한 것이기 때문이다. 또 시간과 노력이 많이 들어가면 제품이 잘 안 팔려도 빠르게 다른 제품으로 이동할 수 없다.

심지어 PDF로 된 책을 판매할 때도 일단 차례와 챕터 1개 정도만 쓰고 그 상태로 전자책 판매 사이트에 올려 보라는 이야기도 들었다. 판매가 되면 그때 밤을 새워서 책을 쓰라는 것이다. 어찌 보면 무책임하게 보이지만 최초 판매를 그만큼 싸게 팔면 된다. (사실 급하게 쓴 책은 퀄리티가 떨어질 수 있기 때문에 이런 방법을 사용할 때는 가격을 저렴하게 책정해야 한다. 또 일반적인 출판사에선 진행이 어려울 수 있으니 본인이 직접 전자책 형태로 판매하는 게 좋다.)

안 팔리면 어떻게 해야 할까? 곧바로 다른 주제의 전자책을 만들어 판매하면 된다. 시험 삼아 가볍게 해야 경로를 바꾸기 쉽다.

시험 삼아 가볍게,
아주 가볍게

목표를 세우고 중간 경로를 정했다면 가볍게 움직일 필요가 있다. 많은 시간과 큰돈을 들이지 않는 선에서 테스트하며 가장 현실성 있고 적합한 중간 경로를 만들어야 한다.

《아이디어 불패의 법칙》이라는 책에 재미있는 사례가 나온다. 몇십 년 전 IBM은 음성인식 기술을 개발할지 말지에 대해 많은 고민을 했다. 엄청난 연구개발 비용을 퍼붓고 나서 이 기술이 쓸모없다는 사실을 깨달으면 너무 늦는다고 생각한 IBM은 소비자를 대상으로 실제 기술이 있는 것처럼 꾸며 시연을 하기로 했다.

시연하는 날, 컴퓨터 앞에 소비자를 앉혔다. 소비자가 컴퓨터 마이크에 음성으로 이야기하면 방 밖에 있는 사람이 음성을 타이핑해 소비자 앞에 있는 모니터에 텍스트로 보냈다. 그러고 나서 소비자에게 이 기술을 얼마까지 주고 쓸 용의가 있는지 설문조사를 한 뒤 그 결과를 토대로 실제 음성인식 기술 개발에 대해 내부적으로 논의했다. 가짜 테스트였지만 시간과 비용을 획기적으로 줄이고 수요 파악을 할 수 있는 좋은 방법이었다.

얼마 전 나는 수익형 부동산 투자와 관련된 정규 강의를 만들 것인지에 대해 고민했다. 9시간짜리 강의안을 만들고 동영상으로 녹화한 다음 편집과정을 거치려면 최소 3개월 정도의 시간이 필요하다. 그런데 내가 만든 강의를 아무도 듣지 않는다면, 혹은 일부 몇 사람만 듣는다면? 이런 걱정에 잠을 이룰 수 없었다.

고민하다 블로그에 미리 공지를 띄웠다. 이러이러한 강의를 만들 예정인데 기존 내 강의를 들은 분 중 예약 댓글을 남기면 가격 혜택을 주겠다고 했더니 약 53개의 댓글이 달렸다. 30만 원 정도로 강의료를 책정하면 1,500만 원 정도의 수입은 일단 확보하고 시작할 수 있겠다는 생각이 들었다.

🔺 블로그에 올렸던 강의 공지

이런 식으로 무언가를 본격적으로 시작하기 전에 먼저 간단하게 시도해보자. 아니다 싶으면 방향을 바꾸면 된다. 시간과 노력을 상당히 아낄 수 있다.

처음은 늘 어렵다는
사실을 기억하라

지금까지 경험하지 않은 새로운 일을 한다는 건 정말 쉽지 않다. 막상 하고 보면 별것 아니게 느껴지지만 그 일을 처음 할 땐 어렵기만 하다. 지난 3년간 이런 경험은 나에게도 셀 수 없이 많았다.

2017년 10월 블로그를 처음 시작할 때도 그랬다. 지금 생각하면 포스팅 하나 쓰는 게 뭐 그리 어렵다고 힘들게 느껴졌는지 모르겠다. 키워드 검색이 잘 되는 포스팅을 하려던 것도 아니고 사진을 많이 넣거나 인사이트가 풍부한 내용을 쓰려 한 것도 아니었다. 그냥 아무 이야기나 쓰려 했는데도 스트레스가 꽤 컸다. 내가 이상한 걸까? 그런데 다들 시작은 어렵다고 한다. 대체 왜 그럴까?

처음 하기 때문이다. 당연한 일이다. 블로그를 처음 개설할 때는 이것저것 설정해야 할 사항이 많다. 포스팅을 하려면 편집기를 열어야 하는데 글쓰기 단추가 어디에 있는지도 모르고, 이미지를 어떻게 삽입하는지, 폰트 크기를 어떻게 조정해야 하는지도 모른다. 이러니 당연히 어려울 수밖에 없다.

100개 정도 모르는 상황에서 포스팅 글쓰기를 하는 셈이다. 그런데 첫 번째 포스팅 이후 두 번째 포스팅을 할 때도 똑같이 힘들까? 아니다. 모르던 100개 중 60개는 한 번 세팅하면 끝이라 다시 할 필요가 없다. 60퍼센트의 작업이 이미 완료된 상태다. 내가 다시 해야 할 40개 중 30개는 이미 한 번 경험했다. 속도는 좀 느릴지언정 처음처럼 버벅대지 않는다. 이제는 버튼을 찾는데 시간을 많이 쓰지도 않고 폰트 조절도 처음만큼 낯설지 않다. 이렇다 보니 두 번째부터는 아주 쉬워진다.

시작만 하면
덜 어렵다

2019년 여름, 유튜브를 처음

할 때도 같은 경험을 했다. A부터 Z까지 모든 게 낯설었다. 카메라와 조명은 세팅부터 어려웠고, 녹화를 끝내고 보니 음량은 왜 이리 작고, 영상 업로드 메뉴는 뭐 그리 복잡한지…. 시간이 너무 오래 걸려 정말 고통스럽게 느껴질 정도였다.

그런데 5~6개 정도 에피소드를 녹화하고 업로드하자 슬슬 속도가 붙었다. 익숙해졌기 때문이다. 경험을 통해 촬영은 어떻게 하고, 조명은 어떻게 세팅하고, 편집은 어떤 식으로 해야 용이한지 알게 된 것이다.

능숙하게 유튜브 촬영을 하는 동시에 새로운 사실도 깨달았다. 내가 이 플랫폼과 잘 맞지 않는 사람이라는 것이다. 유튜브 영상은 일반 강의와 성격이 달라 내가 잘할 수 있는 영역이 아니었다. 시간을 들여 여러 건의 영상을 촬영했지만 지속하지 않는 게 좋겠다고 나름대로 결론을 내렸다.

그런데 갑자기 코로나19 바이러스가 전 세계에 퍼졌고, 모든 오프라인 강의가 멈추기 시작했다. 월 500만 원 정도의 수입을 책임지던 내 오프라인 강의도 멈췄다. 2개월 정도 그저 코로나가 끝나길 기다렸지만 시간이 지나도 사태가 진정될 기미를 보이지 않았다.

대책이 필요하다고 고민했고, 다시 온라인으로 동영상 강의를 하기로 마음먹었다. 그런데 건물 신축에 대한 강의 콘텐츠를 만드는 데 걸린 시간은 촬영 4시간, 편집 4시간, 도합 8시간 정도였다. 시간 낭비라고 생각했던 유튜브 촬영 경험을 토대로 동영상 강의 하나를 뚝딱 만든 것이다. 만약 1년 전 유튜브 경험이 없었다면 절대 이렇게 하지 못했을 것이다.

목표를 세우고 경로를 따라가다 보면 한 번도 경험하지 못한 일을 해야 할 때가 온다. 그러면 조만간 힘든 순간이 마구 닥칠 것이다. 만약 당신이 은행원이라고 가정해보자. 매번 고객의 대출서류를 검토하다 뭔가 부업을 하고 싶다. 사업자등록을 어떻게 내는지 알 수 있을까? 어떤 서류를 들고 어디 가서 등록하는지 막막할 수밖에 없다. 이런저런 것들을 찾고 준비하느라 시간을 많이 쏟을 것이다. 모든 처음은 당연히 힘들다는 사실을 자연스레 받아들여야 한다. 그러나 시작이 제일 어려울 뿐, 두 번째, 세 번째, 네 번째로 갈수록 쉬워진다.

잠시 쉬어가도
괜찮다

어떤 일을 하다 너무 골몰해

스트레스를 받는다면 잠시 쉬거나 다른 일을 하며 머리를 비우는 과정도 필요하다. 2020년 초, 인테리어 분야를 공부하기로 결심했다. 내 투자의 근간은 부동산이다. 앞으로 내가 할 모든 부동산 투자에서 남들과 다른 결과를 내려면 차별화가 필요한데, 그것이 인테리어라고 생각했다. 투자의 마지막 한 끗 차이인 인테리어를 좀 더 싸게, 그리고 좀 더 멋지게 만드는 역량을 갖춰야겠다고 마음먹었다.

인테리어를 알면 건물을 지을 때 내부를 보다 근사하게 꾸밀 수 있다. 인테리어가 좋으면 좀 더 빨리 임대를 맞출 수 있고, 임대료도 더 높게 받을 수 있다. 나중에 소호사무실 운영 사업을 할 때도 인테리어 능력은 꼭 필요하다. 내 투자 활동을 위해 인테리어 능력은 다양한 쓰임새가 있을 거라 확신했다.

바로 부지런히 움직이기 시작했다. 인테리어 학원에서 1:1 수업을 듣고, 디자인 관련 책도 여러 권 읽으며 공부했다. 참고로 나는 패션 테러리스트라 색에 대한 감각도, 미적 감각도 전혀 없다. 하지만 학습을 통해 논리력으로 극복할 수 있을 거라 생각했다.

배우면 배울수록, 시간을 들이면 들일수록 새로 알게 되는 것이 많았다. 색을 어떤 식으로 조합해야 하는지, 유행을 타지 않는 인테리어는 무엇인지 등을 조금씩 깨우쳤다. 그 깨달음이 정말 기뻤다.

어느 정도 자신감이 생길 즈음, 인테리어가 잘된 곳을 일부러 찾아 다녔다. 그런데 이럴 수가! 책의 내용과 완전히 다른 방식의 인테리어로 되어 있는 것이 아닌가. 패스트파이브(공유오피스업체)의 한 세미나실에 갔는데 로비가 정말 멋졌다. 대리석 바닥재에 금색, 검은색, 파란색, 초록색, 하얀색, 나무색 등 여러 색으로 화려하게 디자인되어 있었다. 눈을 못 뗄 정도로 멋있는 공간이었다.

"분명 내가 공부한 인테리어 책에는 세 가지 정도의 색깔만 섞으라고 했는데…. 중구난방으로 섞으면 촌스럽다고 했는데…, 여긴 너무 멋지잖아!"

머릿속에 패닉이 왔다. '아, 뭐야! 인테리어에 대해 많이 알게 됐다고 생각했는데 아직 멀었네. 대체 뭘 어떻게 해야 하지?' 지금 생각해 보면 3개월 정도 공부하고 전문가 작품을 보며 좌절한 모양새다. 마치 초등학생이 미술학원 몇 개월 다닌 후 왜 난 피카소가 아닐까 하는 고민이랄까.

이 일을 겪은 다음, 한동안 아예 다른 일을 했다. 더 이상 인테리어의 '인'자도 보고 싶지 않았다. 잠시 미뤄뒀던 은행 대출 관련 일, 법인 재무제표 검토하는 일 등 완전히 다른 쪽 일을 했다. 그렇게 3주 정도 지났는데 갑자기 문득 이런 생각이 들었다.

'아, 색깔을 엄청 다양하게 썼지만, 채도를 맞춰서 어울리는 게 아닐까?' 예전에 찍었던 패스트파이브 로비 사진을 다시 들여다 봤는데 정말 그랬다.

기억하자. 초보자가 전문가를 보고 좌절하면 안 된다. 전문가 역시 *꼬꼬*마 시절이 있다. 천천히 내 속도로 나아가면 된다. 또 하나, 진도가 잘 나가지 않을 때는 머릿속을 완전히 다른 일로 채우는 것도 한 방법이다. 그러면 어느 순간 번뜩이는 아이디어가 생각날 수 있다.

음식물이 장까지 내려가기 위해서는 위에서 소화할 시간이 필요하다. 소고기 0.1킬로그램이 위에서 머무는 시간은 4시간 15분이라고 한다. 하물며 우린 한 번도 경험하지 못한 목표를 설정하고, 그 목표에 도달하기 위해 처음 하는 일을 수없이 많이 해야한다. 첫술에 배부를 수 없다. 조금 느긋해지자!

머리를 강제하라

사람에 따라 일을 진행하는 방식은 다르다. 계획을 세워 차근차근 진행하는 사람이 있고, 마감을 정해야 움직이는 사람이 있다. 목표를 달성할 땐 어느 쪽이 좋을까? 당연히 마감이 있는 쪽이다. 특히 개인적인 목표는 강요하는 사람이 없기 때문에 스스로 데드라인을 설정하길 권한다.

사실 나는 일할 때 시간에 쫓기는 걸 싫어한다. 압박받는 상황을 좋아하지 않아 그런 상황에 처하지 않도록 미리 준비하고 대처하는 편이다. 그런데 늘 내가 회사에서 하던 일은 시간과의 싸움이었다. 매도자와 매매계약을 하면 매매계약서상 잔금일이 바로 데드라인이다. 그 일정까지 법률실사, 회계실사, 재무실사 등을 끝내야 한다. 또 투자기관의 투자심의 승인을 받고 대출은행에서 모든 심사를 완료한 뒤 대출약정서까지 준비해야 한다. 법무사에게 사업자등록을 요청하고 법인등기를 마쳐야 하며, 예금통장도 미리 마련해야 한다. 수탁은행, 사무수탁, 판매사인 증권사까지 모두 조율해야 한다.

모든 직장인이 대동소이하겠지만 회사 일은 시간과의 싸움이고 스트레스와의 싸움이다. 내일이 당장 투자심의위원회 심의 날이건만 투자기관은 전날 오후 5시에 이메일을 보낸다. "내일 아침 9시까지 해주세요. 내일 아침에 출근해서 바로 볼 수 있게요!" 하고 말이다. 이런 메일을 받은 날은 밤을 새워야 한다. 이런 일상을 15년 겪으니 시간에 쫓겨야 하는 일에 진절머리가 났다.

그럼에도 불구하고
데드라인을 잡아라

시간에 쫓기지 않는다면 일이 더 잘 될까? 2019년 7월 초, 새로운 강의를 9월에 시작하기로 혼자 마음먹었다. 구체적으로 9월 며칠에 시작할지 정하지 않아서

일까? 계속 세월아 네월아 시간만 보냈다. 일의 진도가 나가지 않을뿐더러 창의적인 생각도 떠오르지 않았다. 스스로 압박이 되지 않는 것 같아 나름 특단의 조치를 취했다.

강의안이 완성되지 않은 상태에서 강의 공지를 먼저 올린 것이다. 8월 말로 첫 강의 날짜를 잡고 신청을 받았다. 신청이 막 들어오는데 실제 강의까지 4주밖에 남지 않았다는 생각이 들자 갑자기 머릿속에서 다양한 아이디어가 솟구치기 시작했다. '이 부분엔 이런 슬라이드가 필요하겠네', '이걸 이렇게 설명하면 사람들이 더 잘 이해할 수 있겠다' 하면서 말이다.

직장생활을 할 때 데드라인은 큰 스트레스였는데 이제는 나 스스로 데드라인을 정하고 있다. 데드라인을 두자 오히려 아이디어가 더 잘 떠오르고 일을 더 빠르게 처리하는 경험을 했기 때문이다.

가끔 새로운 생각이 필요하고 어려운 문제를 해결해야 할 때 스스로 배수진을 치는 방법도 좋다. 목표를 정했는데 어떤 경로로 갈지 아이디어가 잘 떠오르지 않는다면 '다음 주 화요일까지 목표로 가는 경로 열 가지 이상 떠올리기'처럼 강제로 데드라인을 설정해보자.

목표를 설정하고 실현하는 과정은 정말 녹록지 않다. 자신을 벼랑 끝으로 내몰아야 가능한 일도 있다. 종종 사람은 벼랑 끝에 섰을 때 숨겨진 힘을 발휘하기도 하니까.

생각의 틀은 작거나
탁월히 크거나

뭔가 하고 싶은데 도무지 아이디어가 떠오르지 않을 때가 있다. 그럴 경우 나는 생각의 틀을 한정하는 방법을 사용한다. 예를 들어 "1년 뒤 월 1,000만 원 벌 수 있는 아이디어를 내일까지 생각해 보세요. 그 어떤 아이디어도 좋습니다."라는 과제를 받았다고 가정해보자.

월 1,000만 원을 벌 수 있는 아이템은 사실 무궁무진하다. 사업도 있고 투자도 있다. 하지만 너무 많기 때문에 오히려 길이 막막하다. 대체 뭘 어떻게 해야 하지? 실행 가능성이 중요한가? 상상력이 중요한가? 생각의 여지가 너무 많아 정하기 어렵다.

바로 답이 나오지 않는 경우 질문을 조금 바꿔보자. "블로그를 활용해 1년 후 월 1,000만 원을 벌 수 있는 아이디어를 내일까지 내세요."와 같이 말이다. 이렇게 방법을 구체적으로 한정하면 처음보다 더 작은 범주에서 고민하게 된다.

아마 처음엔 '말도 안 돼. 어떻게 블로그로 월 1,000만 원을 벌어?' 이런 생각이 먼저 들 것이다. 하지만 인터넷을 검색하면 실제 블로그로 돈을 버는 사람들의 이야기를 찾을 수 있다. 그들의 글이나 강의를 보고, 광고 수익을 알아보면 조금씩 생각이 정리된다. 그리고 '블로그로 돈 벌기'라는 키워드로 모든 생각이 집중된다. 이렇듯 생각의 범주가 좁아지면 아이디어가 일목요연하게 모이고, 그 과정을 거치면서 내가 할 수 있는 일과 할 수 없는 일이 구분된다.

나는 이것을 '강제성 이론'이라 말한다. 어떤 생각이나 행동에 '강제성'을 주입하면 새로운 뭔가가 만들어진다는 나만의 철학이다.

앞서 언급한 퀀텀 점프라는 말을 기억하는가? 회사에서 직원에게 지시할 때도 퀀텀 점프 이론이 적용된다. 지금보다 수익을 10퍼센트 높일 방법을 찾으라는 지시보다 400퍼센트 늘릴 방법을 고민하라고 할 때 더 창의적이고 좋은 아이디어가 나온다. 뇌를 더 큰 영역으로 강제했기 때문에 가능한 일이다.

수익성을 10퍼센트 높이라고 하면 프린터 비용을 줄이고 전기를 아끼는 등의 소소한 아이디어가 나온다. 그러나 수익을 400퍼센트 키우라고 하면 아예 다른 차원의 생각이 필요하다. 어떤 분야의 신사업을 할지, 사업 영역을 어떻게 확장할지와 같은 아이디어가 나온다.

뇌를 특정 방향으로 강제하면 생각이 이전과 다른 방향으로 움직인다. 그 과정을 통해 전혀 다른 생각이 머릿속을 채운다. 어딘가에서 아이디어가 막힌다면 생각의 범주를 좁힐지 넓힐지 먼저 고민해보자.

목표를 설정했는데
경로가 나오지 않는다면

어렵게 목표를 정했더라도 그 목표를 달성하기 위해 어떤 경로로 가야 할지 모를 수 있다. 이때 강제성 이론을 적용해보자.

오늘 밤 12시까지 뭐가 됐든 경로 100개를 적어보는 식으로 시간에 한계를 두거나 아니면 범주를 확 줄이거나(예를 들어 무자본창업으로 월 200만 원 만들기), 반대로 퀀텀 점프의 아이디어(일주일에 한 시간만 일하고 월 3,000만 원 벌기)를 떠올리거나 하는 것이다.

인간은 관성에 따라 움직이는 존재라 늘 하던 대로 생각한다. 일상의 많은 부분을 늘 새롭게 생각하고 행동하는 건 사실 너무 피곤한 일이지만 이전과 다른 삶을 살기 위해서는 어느 정도 불편함을 감수해야 할 수밖에 없다.

당신은 1년 전과 똑같이 살고 싶은가? 10년 후에도 지금처럼 살고 싶은가? 5년 후, 10년 후 회사에서 밀려나지 않을 자신이 있는가?

만약 당신의 대답이 '그렇지 않다'라면 지금이 바로 목표를 설정하고 경로를 정할 적기다. 당신의 삶을 종종 피곤하게 하라. 1년 후가 달라질 것이다.

시간을
만들어내는 법

'3년 안에 월 600만 원 만들기'라는 목표 달성의 여정을 달리면서 가장 힘들었던 건 시간을 만드는 일이었다. 예전에는 직장만 다니면 됐는데, 이제는 직장에 다니며 개인적인 추가 업무까지 수행해야 하기 때문이다. 몸은 하나인데 해야 할 일은 많고 그렇다고 근무시간을 줄일 수는 없으니 고민이 됐다. 대체 어떻게 해야 가외시간을 만들 수 있을까? 내가 사용하는 시간 중 무엇을 줄이고 늘려야 목표 달성을 위한 시간을 만들어낼 수 있을까?

어떤 시간을
아낄 것인가

처음 든 생각은 하루에 7~8시간씩 자는 잠을 줄이는 방법이었다. 그래서 며칠 동안 잠자는 시간을 줄였는데 바로 부작용이 나타났다. 하루 종일 두뇌 회전이 잘 되지 않아 일의 능률이 떨어진 것이다. 그런 이유로 이 전략을 바로 포기했다. 나는 잠을 잘 자야 하루가 개운하고 머리가 잘 돌며 일을 효율적으로 할 수 있는 사람이었다.

그다음으로 일상생활에서 아낄 만한 시간이 있는지 찾아봤다. (시간을 아끼기 위한 구체적인 방법론 즉, 시간당 단가를 어떻게 계산하고 어떤 일을 다른 사람에게 위임할지 등은 뒤에서 좀 더 상세히 설명하겠다.) 가장 먼저 출퇴근 시간이 떠올랐다. 우리 집은 잠실이고, 회사는 여의도다. 잠실에서 여의도까지 그리 먼 거리는 아니지만 지하철을 갈아타야 하고, 국회의사당역에 내려 회사까지 걸어가야 한다. 출퇴근에만 두 시간 정도가 소요된다.

나는 아침형 인간이라 개인 시간을 아침에 확보하고 싶었다. 머리가 잘 도는 시간을 내 목표를 달성하는 시간으로 써야 효율이 좋을 거라 생각했기 때문이다. 아침 6시에 일어나자마자 집 앞에서 택시를 타고 회사로 향했다. 20분도 채 걸리지 않았다. 택

시비는 15,000원이었다.

한 달에 20일 출근하니 아침에만 택시를 타면 약 30만 원이 든다. 대신 내가 얻을 수 있는 시간은 40분(기존 출근 1시간에서 20분을 제외한 시간)×20일 하면 800분, 즉 13시간 이상을 확보할 수 있다. 30만 원은 적지 않은 돈이다. 그러나 목표 달성을 위한 시간은 30만 원 이상의 가치가 있다고 판단했다.

또 시간 절약뿐 아니라 아침에 사람이 정말 많은 9호선 지하철에서 해방되어 체력도 아낄 수 있었다. 이런 계산을 한 후 바로 다음 날부터 아침에 무조건 택시를 탔다. 그리고 오전 9시까지 개인적인 목표를 달성하는 시간으로 사용했다.

일 자체의 효율성을 높여라

시간을 추가로 확보하기 위해 또 고민한 것은 효율성이었다. '2080 법칙'이라는 말이 있다. 회사에서는 20퍼센트에 해당하는 사람이 80퍼센트의 일을 하고, 전체 판매 상품에서 상위 20퍼센트 제품이 80퍼센트의 수익을 올린다는 의미다. 이 법칙은 개인의 삶에도 고스란히 적용된다.

167

내가 하는 노력의 20퍼센트가 성과의 80퍼센트를 결정한다. 나는 여기에 충실하기로 했다. 세부적인 것 하나하나에 다 신경을 쓰면 많은 일을 동시다발적으로 할 수 없다. 진도가 나가지 않는 것이다. 나는 천성적으로 꼼꼼하고 생각도 많은 편이라 너무 잘하려 하면 시간이 정말 밑도 끝도 없이 들어간다. 그래서 우선 순위 하단에 있는 일에 신경 쓰지 않는 게 필요했다. 정말로 중요한 일에만 집중하자고 마음 먹었다.

지금도 내 책상 모니터에는 포스트잇이 하나 붙어 있다.

"잘하는 게 목표가 아니다. 하는 게 목표다."

여전히 이 문구를 붙여놓은 것을 보면 아직도 잘 못하고 있다는 방증이다. 사람 성향은 달라지기 어렵기 때문에 스스로 꾸준히 상기해야 한다. 일 자체의 속도를 높이는 것이 중요하다는 생각을 잊지 않으려 노력했다.

원룸 건물을 지을 때 제대로 신경 쓰려면 할 일이 수백 가지다. 그런데 나는 원룸을 지으면서 상가 투자도 하고, 태양광발전사업 인허가도 받아야 한다. 또 강의안도 만들어야 한다. 그런데 신축에만 매달리면 나머지 일을 진행할 수 없다. 그래서 이렇게 하기로 마음먹었다.

1. 임대 수익률에 가장 영향을 많이 미치는 방 타입, 방 형태, 외·내장재에만 신경 쓰기
2. 시공과 관련한 세세한 일은 전문가에게 맡기고 크게 신경 쓰지 않되, 믿을 만한 전문가(시공사 등)를 선정하는 데 시간을 더 할애하기

그래서 건축 설계(방 타입, 방 형태 등)를 할 때 설계도면을 들고 지역 부동산을 돌며 부동산중개업소 사장님들에게 자문을 받았다. 어떤 형태일 때 임대가 잘 빠지는지, 어떻게 지은 건물이 임대가 잘 나가는지 등을 말이다.

시공사를 선정할 때는 그 시공사가 지은 건물의 주인을 만나 평판을 확인하는 과정을 거쳤다. 직접 경험한 사람의 이야기를 듣고 최대한 믿을 만한 시공사를 선택하는 데 많은 시간을 할애했다. 총 네 개 시공사로부터 견적을 받았는데 최종적으로 선정한 시공사의 견적 금액은 두 번째로 컸다. 가격은 조금 비쌌지만 평판이 가장 좋아 선택했다. 덕분에 시공과정을 그냥 믿고 맡겼는데도 좋은 건물을 올릴 수 있었다. (건물 준공한 지 2년이 다 된 지금도 1층 복도의 센서 등까지 시공사에서 모두 A/S 해준다.)

기준을 정해 어디에 집중할 것인지 고민하고 그렇게 시간을 아낀 덕분에 여러 가지 일을 동시다발적으로 진행할 수 있었다.

더 중요한 일을
찾아라

부동산 투자자들 중에 등기하는 법무사 비용이 20만 원인지, 30만 원인지 여기저기 묻는 사람이 있다. 어딘가에 글을 써서 답변을 받고 법무사와 협의하다 안 되면 새로운 법무사를 구하는 등의 과정을 거친다. 무슨 일을 하든 돈을 아끼는 일은 중요하다. 그러나 나는 시간을 아끼는 게 더 중요하다고 생각한다.

그 시간에 더 중요한 것(내가 투자하려는 이 건이 현재 시점에서 정말 최선의 선택인가? 내가 모르는 다른 리스크는 없는가?)에 집중하면 미래에 더 좋은 결과를 마주할 수 있다. 1년에 기껏 1~2번 내는 등기 비용 때문에 소중한 시간을 많이 허비하지 말자.

하루 24시간, 모든 사람에게 시간은 공평하다. 하지만 활용하는 방법에 따라 시간은 모든 사람에게 다르게 주어진다. 아주 소소한 일에 시간을 낭비하고 있는 것은 아닌지 생각해보자. 직장인이 개인적인 목표를 달성하려면 반드시 그 일을 할 시간을 따로 만들어야 한다. 그리고 만들어낸 그 시간에 중요하다고 판단한 일에 선별적으로 집중할 필요가 있다.

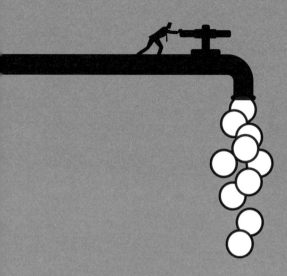

Chapter 5

목표를 단단하게 다지는 습관

: 수정하라

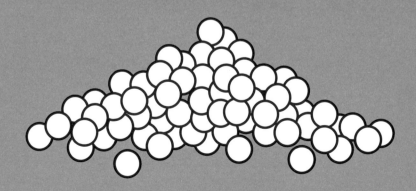

버릴 건
버려야 한다

어떤 사람이 성공하기 힘들까? 첫째, 실행을 아예 안 하는 사람이다. 움직이지 않으면 아무 일도 일어나지 않는다. 둘째, 계속 같은 방식으로 실행하는 사람이다. 같은 방식만 고집한다는 건 실행 후 결과를 분석하고 좀 더 좋은 결과가 나오도록 수정하지 않는다는 의미다.

어떤 일이든 한 번에 성공하기는 대단히 어렵다. 그리고 시간이 지나면 더 좋은 방법이 생기기도 한다. 그래서 어떤 일을 한 후에는 다시 돌아보고 더 좋은 방법이 없는지 고민해야 한다. 좋지 않은 결과가 나와도 계속 같은 방식만 고집한다면? 당연히 퇴보한다.

앞서 말했듯, 어떻게든 한번 실행해보길 바란다. 그런데 이는 단번에 성공하기 위함이 아니다. 분석하고 수정^{Re-Design}하기 위해서다.

투자한 시간에
미련두지 마라

주식 투자를 할 때, '물타기'라는 말이 있다. 예를 들어 한 주당 3만 원인 주식을 한 주 샀는데, 현재 그 주식의 가치가 떨어져 2만 원이 됐다고 가정해보자. 30퍼센트 정도의 손실을 보고 있는 상태다. 이때 현재 가격인 2만 원에 새로 한 주를 사면 평균 매입가는 2만 5,000원이 된다. 이렇게 되면 주가가 3만 원까지 반등하지 않고, 2만 5,000원까지만 올라도 본전을 찾는다. 이런 방식의 투자를 물타기라고 한다.

이런 프로세스는 사실 무엇인가를 잃기 싫어하는(손실 회피) 인간의 감정에 기인한 오류다. 3만 원에 산 A주식이 설령 2만 원이 되더라도 그 주식은 아예 없다 가정하고, 다음 투자건을 물색하는 게 더 좋은 판단이다.

A주식이 없다 가정하고 현재 2만 원인 A주식과 또 다른 2만 원짜리 B주식, C주식을 동등하게 놓고 어느 쪽이 더 많이 오를지 판단해서 투자해야 한다. 기존에 투자한 A주식에서 손실이 발생하는 게 싫어 계속 A주식에만 투자한다면 결코 좋은 성과를 거둘 수 없다. 물타기를 하는 또 다른 이유는 애착 때문이다.

뭔가에 투자하면 아끼고 소중히 여기는 마음 즉, 애착이 생긴다. 수정 단계에서는 이 애착을 없애고 중립적으로 판단해야 한다. 앞서 퍼스널컬러 컨설팅 서비스를 진행한 지식기업가 이야기를 했다. 전업주부를 대상으로 했는데 오히려 워킹맘이 많이 찾아온 상황이다. 그러면 이 단계에서 기존의 컨설팅 서비스 방향을 그대로 유지해야 할까, 아니면 수정해야 할까? 정답은 당연히 수정해야 한다.

전업주부를 대상으로 컨설팅 서비스를 개발하는 데 다소 시간을 들였어도 여기서 멈춰야 한다. 과감히 매몰비용으로 생각하고 좀 더 수요층이 넓은 컨설팅 서비스를 개발해야 한다. 그 편이 성공 확률을 훨씬 높인다.

수정은
빠를수록 좋다

　　　　　　　　　　　나 역시 비슷한 경험이 있다. 강의를 시작할 때 당연히 수익형 부동산 투자가 내 전문 분야가 될 것이라 생각했다. 15년 부동산 펀드매니저 경력과 매칭이 잘 되는 분야가 수익형 부동산이기 때문이다. 하지만 이 생각은 그리 오래가지 않았다. 신축과 관련한 강의를 오픈하자 수익형 부동산보다 수강 신청자가 훨씬 더 많았던 것이다. 심지어 강의 후 반응도 신축 강의가 훨씬 더 좋았다.

　나는 많은 건물을 지어보지 보지 못했다. 사실 달랑 한 채 지어 본 게 전부다. 그런데도 신축 강의 반응이 더 좋은 이유는 무엇이었을까. 나 나름대로 분석을 해봤다. 첫 번째 이유는 내가 인지하지 못한 수요층(40~50대의 회사 퇴직을 앞둔 계층으로, 상가 월세보다 원룸의 안정적인 월세 수입을 원하는 수요층)이 생각보다 두텁다는 것이다. 두 번째 이유는 내가 이제 막 한 채를 지어 본 초보라는 특수성이다. 신축 전문가는 왕초보가 정말 궁금해하는 점을 하나씩 정확하게 집어주기 힘들지만 나는 초보라 왕초보의 마음을 더 잘 헤아릴 수 있었다.

　수익형 부동산 관련 강의는 사실 그러지 못했다. 관련 업계에서 15년 정도 일하다 보니 처음 이 일을 시작할 당시 내가 궁금해했던 것을 전혀 기억하지 못했다. 어림짐작으로 구성을 짜고 내용을 다듬었는데 실제 초보자가 궁금해 하는 내용이 아니었던 것이다. 또 초보자의 눈높이에 맞춰 쉽게 설명하는 기술도 부족했다. 이미 회사에서 관련 업무를 오래 했기 때문에 관련 용어가 내게 너무 익숙한 탓도 있었다.

이런 결론에 다다르자, 과감하게 강의의 우선순위를 바꿨다. 수익형 부동산 투자와 관련한 심화과정 개설을 포기하고, 건물 신축과 관련한 심화과정을 만들었다. 그리고 2개월 후 심화과정을 선보였다. 네 시간에 22만 원인 강의인데 스물다섯 명이 신청했다. 이후 점점 신청 인원이 늘어나 이 강의는 나의 중요한 파이프라인 역할을 톡톡히 하고 있다.

예상과 다를 수 있음에
너그러워지길

무슨 일을 할 때 처음 예상과 달라지는 경우가 매우 많다. 오히려 내 예상과 똑같이 되는 일이 거의 없을 정도다.

뭔가를 실행했다면 그 과정과 결과를 되돌아보는 절차를 거치길 권한다. 바위에 달걀 한 번 던지지 않고 '당연히 깨지겠지'라고 생각만 해선 안 된다. 또 바위에 던졌을 때 바로 깨지는 달걀을 보면서도 계속 바위에 달걀을 던지는 우를 범해서도 안 된다. 끊임없이 방향을 수정하면서 앞으로 나아가야 한다. 그래야 목표 달성에 한 걸음 더 가까워질 수 있다.

다른 사람 말은
검증하며 들어라

'이게 과연 돈이 됩니까?'

태양광발전사업 관련 카페에 올라온 글의 제목이다. 돈은커녕 손해만 안 봐도 다행이라는 내용이었다. 사실 이런 내용은 조금만 찾아보면 부지기수로 발견할 수 있다.

이게 과연 돈이 됩니까?

태양광이 투자처로 좋다고 와이프가 듣고 와서 저질렀는데….
어쩔 수 없이 제가 뒷수습 중입니다.

그런데 하면 할수록 첩첩산중이더라고요. 몇 년 전에 시작했을 때는 괜찮았을지도 모르지만 지금 계산기를 두드리니 영 좋지 않습니다. 돈도 안 되는, 한마디로 매력이 전혀 없는 사업입니다. 손해만 안 보면 다행이라는 마음으로 하고 있어요. 정말 어쩔 수 없이.

그나마 금리가 떨어져서 다행이지, 금리 오르면 정말 망할지도 모르겠다는 생각마저 듭니다. 주식하면서 꽤 돈을 벌었었는데 이건 정말 답이 나오지 않아요. 은퇴자들이 할 사업은 아닌 것 같네요.

(※ 해당 내용은 각색해 정리했습니다.)

뉴스에 나오는 태양광발전사업 관련 기사만 봐도, 몇 년 전 방영한 한 방송사의 집중 탐사 프로그램만 봐도, 세상에 이렇게 바보 같은 사업이 없다. 1년 넘게 발전사업허가 받는다고, 개발 행위 한다고, 구조물이랑 모듈 설치한다고, 사용전검사 받는다고 고생은 고생대로 하는데 돈은 얼마 벌지 못하니 말이다. 그럼 실제 하고 있는 사람들의 입장은 어떨까?

저는 돈을 벌고
있습니다만

2019년에 준공(사용·전검사)한 내 입장에서 태양광은 꽤 쏠쏠하다. 여태까지 한 투자 10건 중 상위 2위에 들어간다. 얼마 전, 태양광발전사업을 하는 어떤 분과 식사하면서 이야기를 나눌 기회가 있었다.

"요즘 뉴스나 댓글을 보면 태양광발전사업을 하면 싹 다 망한다고 하더라고요. 비 오면 산사태로 무너져 내린다는 이야기도 많이 떠돌고요."

그분은 웃으며 말했다.

"정말 다행입니다."

"네?"

의아해하는 나를 보며 말을 이어나갔다.

"그래야 새로운 사람들이 이 분야에 안 들어오죠. 전 누가 태양광발전사업이 괜찮냐고 물어보면 근근이 대출이자 정도만 갚고 있다고 얘기해요."

그렇다면 저 네이버 카페에 올라온 글은 터무니없는 이야기일까? 반드시 그렇진 않다. 진짜 돈을 벌지 못하는 사람이 있다. 몇 년 전 높은 비용으로 태양광 설비를 준공했는데 장기계약을 하지 못하고, 현물 시장에서 계속 사고파는 경우가 그렇다. 간단히 말하면, 장기계약은 전기 판매단가를 계약 시점으로 20년간 고정하는 방식이다. 예를 들어 나는 2019년 초에 169원(kw당) 수준으로 고정하는 계약을 했는데, 2020년 현재 시점 현물 시장에선 120~140원 수준의 단가가 나온다. 몇 년 전보다 설치비용이 20~30퍼센트 떨어져 현재 설치하는 사람은 낮은 단가로 팔거나 장기계약을 해도 수지타산이 맞는다. 반면 그보다 일찍 20~30 퍼센트 비싼 가격으로 설치한 사람은 수익성에 문제가 생긴다.

상황에 따라 낭패가 될 수도, 괜찮은 투자처가 될 수도 있다. 즉, 자신이 처한 상황에 따라 다르다. 그러니 일부의 이야기만 듣고 전체가 다 그럴 거라 판단하는 잘못을 범해선 안 된다.

누군가는 잘 되고, 누군가는 안 된다

얼마 전 뉴스에 전세 사기에 관한 기사가 나왔다. 소유주가 사기를 치려고 은행에서 같은 날 대출을 받는 바람에 전입신고가 대출보다 순위가 뒤로 밀려 세입자가 난처한 사정에 빠졌다는 내용이었다. 이 뉴스를 보고 내가 주변 사람들에게 "여러분, 전세는 위험합니다! 절대 전세 들어가지 마세요. 무조건 월세 들어가세요."라고 말한다면 어떨까? 아마 다들 코웃음을 칠 것이다.

지금 이 순간에도 전국에선 수천 건의 전세 계약이 아무 문제 없이 체결되고 있는데 뉴스에 나온 고작 하나의 전세 사기 건을 언급하며 전세를 들어가지 말라고 하니 말이다.

100이면 100 다 성공하는 사업이나 투자가 있을까? 누구는 카페를 하다 망하지만 누구는 아주 작은 카페 하나로 성공한다. 게다가 장사가 아주 잘돼 지점도 여러 개 만든다. 사람들 이야기만 들으면 카페는 이미 포화 상태라 다 망하는 사업인데, 누군가는 계속 확장해 나간다. 그 사람이 이상해서 망한 게 아니라면 여러 지점을 낸 사람이 장사를 아주 잘한다는 의미다. 카페 하나로 수익이 나니 '이렇게 운영하면 돈이 되는구나. 그럼 좀 더 지점을 확장해 월수입을 늘리자'라고 생각하고 행동으로 옮긴 것이다.

그런데 사람들은 돈을 벌고 있는 사람의 이야기를 듣거나 그 사람이 어떻게 하는지 잘 알아보지 않는다. 오히려 카페 창업으로 망한 사람의 이야기를 들으며 '이건 안 되겠네'라고 생각한다. 속으로는 카페를 열지 않은 자신을 칭찬할 수도 있다. 적어도 자신은 시작하지 않아 잃지 않았으니 말이다.

심지어 뭔가 해보지도 않은 사람의 주변 지인 이야기를 듣고 포기하기도 한다. 태양광발전사업 관련 뉴스의 댓글을 읽다 보면 그런 생각이 종종 든다. 운영도 해보지 않은 사람(댓글 내용을 보면 바로 알 수 있다)이 확신에 차 매월 비용이 얼마가 나와 오히려 손실이라며 댓글을 단다.

오피스텔 갭투자로 몰락 위기에 빠진 집주인에 대한 뉴스 기사도 한 번 보자.

갭투자 망했네. 집값 추월한 전셋값에 잠 못 이루는 집주인들

(디지털타임스 2020년 6월 10일자)

서울 등 수도권 오피스텔 시장에서 전셋값이 매매가격을 추월한 '깡통 오피스텔'이 속출하고 있다.

10일 부동산업계에 따르면 서울 강남구 자곡동 소재의 오피스텔 강남 유탑유블레스 전용면적 25.7㎡는 지난달 30일 1억 4,500만 원(4층)에 매매 실거래됐다. 그러나 같은 면적 3층이 지난 5일 1억 6,500만 원에 전세 계약됐다. 매매가격이 전셋값보다 2,000만 원이나 하락했다. 경기도 고양시 일산동구 백석동에 위치한 백석역동문굿모닝힐Ⅱ는 지난달 13일 전용 29.33㎡가 1억 200만 원(6층)에 팔렸는데 같은 면적, 같은 층이 2014년 8월에 1억 1,000만 원에 실거래된 이후로 가장 낮은 금액이다.

이처럼 수도권 핵심지의 오피스텔 시장에서 '깡통전세'가 현실화하고 있다. 깡통전세는 전셋값이 매맷값에 육박하거나 더 높아져 나중에 집주인이 집을 팔아도 세입자에게 전세금을 돌려주기 어려운 경우를 말한다.

한국감정원 통계를 보면 전국 오피스텔 평균 전세가율(매매가 대비 전세가 비율)은 지난달까지 1년 5개월 연속으로 상승세를 이어가고 있다. 지난달 전국 오피스텔 전세가율은 80.73퍼센트를 기록하며 2019년 1월(79.99퍼센트)부터 17개월 동안 꾸준히 오름세를 유지하고 있다. 경기도 전세가율이 84.41퍼센트로 가장 높았고 대전 83.59퍼센트, 서울 서남권 82.39퍼센트, 대구 81.87퍼센트 등이 전국 평균치를 웃돌았다. 오피스텔 평균 매매가는 지난달 기준 전국 1억 7,826만 원, 서울 2억 2,936만 원, 경기 1억 6,741만 원으로 집계됐다. 전세가율이 전국 최고인 경기도에서는 전세를 놓을 경우 평균 2,610만 원의 자기자본이 있거나 대출을 받으면 오피스텔을 매입할 수 있다.

오피스텔 전세가율 상승의 가장 큰 원인은 매맷값 하락이다. 오피스텔 매매가는 서울이 작년 8월부터 상승세였다가 오름폭을 점차 축소하더니 지난달 10개월 만에 하락 전환했고 경기는 2018년 11월부터 19개월 연속 곤두박질치고 있다. 전국적으로도 오피스텔 매매가는 코로나19가 확산한 올해 2월부터 4개월간 내리 하락세다.

(이하 생략)

기사를 읽고 혹시 '다행이다. 나는 오피스텔 투자는 생각도 안 했는데'라는 마음이 들었다면 조금 더 깊이 고민해보자. 기사에 언급된 오피스텔은 입지가 아주 좋지 않은 곳일 수 있다. 전체의 5퍼센트도 안 되는 극히 일부분의 사례를 보면서 나는 안 했다며 좋아하고 마음의 위안을 삼을 일이 아니다. 오피스텔로 돈을 번 사람의 이야기를 찾아야 한다.

내가 아는 지인은 마곡에 위치한 오피스텔에 투자해 매월 60만 원의 월수입을 꾸준히 올리고 있다. 2년 만에 5,000만 원의 시세차익도 얻었다. 잘 되는 오피스텔 투자도 있다. 어떤 사람은 오피스텔 투자에 실패하고 어떤 사람은 성공한다. 그 이유를 생각해보고 성공한 사람이 어떤 기준으로 투자했는지 물어보자.

결과로 보여준 사람에게 배워라

사람들은 기본적으로 누군가가 잘 되는 이야기, 성공하는 이야기보다 잘 안 되고, 망하고, 힘들어하는 이야기에 마음이 끌린다. 그런 이야기를 들으며 한편으로는 자기만족을 한다. '아, 불쌍하다. 나는 저 사람보다 낫네' 하면서 말이다. 누군가에게 측은지심을 갖고 나의 현재 상황에 대해 편안함을 느낀다.

그러나 그런 태도가 현재에 감사하고 마음이 좀 편해질진 모르지만 냉정하게 보면 내 상황을 개선하는 데 아무런 도움이 되지 않는다. 우리는 지금 현재에 '만족'하지 않고 더 큰 '성장'과 '발전'을 고민하는 중이기 때문이다.

지금부터 우리가 찾아야 할 사람은 어떤 사업이나 투자를 실제로 하고 그것을 확장해 나가는 사람들이다. 남들이 그 사업이나 투자에 실패할 때 성공하는 사람은 어떤 차이나 노하우를 발견한 것이다. 성공한 사람을 찾아 그 노하우 이야기를 들어야 한다.

목표 달성을 위한 여러 가지 경로를 무조건 밀어붙이라는 말이 아니다. 버릴 땐 과감하고 빠르게 버리고 다른 경로를 찾아 밀어붙여야 한다. 단, 버릴 때 해보지도 않은 사람의 이야기나 극히 일부의 사례만 듣고 그냥 쉽게 포기하지는 말자는 얘기다. 누군가 그 일을 계속 확장하고 있다면 분명 뭔가가 있다는 뜻이다. 노하우가 숨어 있을 테니 그걸 캐내려고 노력해야 한다. 성공한 사람을 찾아 그 비결이 무엇인지 알아내야 한다.

내가 가슴에 품고 있는 두 개의 문장이 있다.

"누군가가 여전히 그 일을 하고 있다면 내가 모르는 뭔가가 있을 수 있다."

"사람들은 해보지도 않고 잘 알지도 못하는 것에 대해 왈가왈부하길 좋아한다. 그런 사람들의 말은 들을 필요 없다."

목표를 향해 가는 길은 쉽지 않다. 그 길에 저런 글귀 한두 개쯤 가슴 속에 품고 있다면 불안한 날에 조금은 위안이 될 것이다.

경로 변경을
두려워하지 마라

초보 팀장 시절, 가장 힘들었던 일은 팀 전체가 부동산 투자건 하나에 3~4개월 매달렸는데, 막판에 날아가는 경우였다. 테헤란로에 있는 건물 A를 매입하기 위해 입찰을 들어가 우선협상대상자에 선정됐다. 건물매매대금을 낼 투자자도 잘 모았는데, 잔금 치르기 며칠 전에 갑자기 들어오기로 한 임차인이 취소 결정을 했다. 그러자 투자자도 투자 의사를 취소해 잔금을 치를 수 없는 상황이 됐다. 몇 개월간의 노력이 물거품처럼 사라졌다.

1년에 이런 건을 2~3개 성사시켜야 하는데, 3~4개월을 날리면 마음이 엄청 조급해진다. 이런 경험을 몇 번 하면서 깨달은 바는 절대 한 건에 팀 전체 인력을 투입하지 말자는 것이다.

팀 인력의 70퍼센트는 가장 가능성이 높은 A투자 건에 투입하고, 나머지 인력은 새로운 투자 건(예를 들어 B건이라고 해보자)을 발굴해야 한다. B건을 진행하고 있어야 혹 A투자건이 사라지더라도 팀 전체가 받는 타격이 덜하다.

플랜 B가
필요하다

개인 목표도 마찬가지다. 달성을 위한 경로가 여러 개 있어야 한 가지에 실패했을 때의 타격을 줄일 수 있다. 작년, 그러니까 2020년에 내가 세웠던 경로는 아래와 같다. 연초보다 연말에 월 300만 원 정도 월수입을 더 올리기 위해 고민했다.

투자

- 아파트 월세 투자(2개) : 월 50만 원(추후 시세차익까지 염두)
- 지식산업센터 투자(1개) : 월 100만 원
- 오피스텔 투자(1개) : 월 50만 원

사업

- 소호사무실/비상주 오피스 : 월 200만 원(1호점 : 일산, 2호점 : 대전)

콘텐츠

- 플랫폼(네이버 카페) 시작 & 활성화 : 연말까지 회원 수 2,000명
- 책쓰기 : 연말까지 원고 완료
- 강의/세미나/스터디 수입을 안정적으로 월 600만 원 수준까지 달성

  (현재 월 500만 원)

2020년 중반쯤 얼마나 진행되고 있는지 정리해봤다.

투자

- 아파트 투자는 안 하기로 했다 : 다양한 부동산 규제가 나오면서 다
  주택자에 대한 부담이 커졌다. 3개월 정도 아파트에 대해 열심히 공
  부했지만 투자를 접기로 했다. 현재까지의 규제책이 마지막이라면
  모르겠지만 계속 뭐가 더 나올지 모르는 상황에서 투자를 시도한다
  는 건 공포다.

사업

- 소호사무실 운영 : 소호사무실을 보유 중인 상가에 테스트 삼아 조그
  맣게 오픈했다. 진행하며 이 사업이 나와 잘 맞지 않다고 느꼈다. 나
  는 내 시간을 컨트롤하는 걸 좋아하는데 이 사업은 내가 원하지 않는
  날짜와 시간에 사업장에 나가야 한다.

- 소호사무실 확장 : 각종 규제 때문에 부동산 1인 법인에 대한 수요가
  급속도로 떨어지고 있다. 그렇다면 비상주 사무실에 대한 수요도 같
  이 떨어지지 않을까? 이 생각에 소호사무실 비즈니스 확장을 멈췄
  다. 2호점인 대전 지역은 일단 보류한다.

거의 모든 계획이 다 깨지고 있었다. 상반기에 여러 가지 부동
산 규제가 나오면서 앞서 생각한 투자와 사업 중 일부를 진행하
는 게 불가능해졌다. 2020년 초만 해도 법인 규제(부동산 개수, 가
격과 상관없이 무조건 종부세 3퍼센트/6퍼센트 과세)가 이렇게 세게 나
올 것이라 누가 예상했겠는가.

일을 하다 보면 예상대로 되지 않는다. 그게 당연하다 생각해
강의 때마다 늘 수강생들에게 이렇게 말했다.

"예상과 실제는 항상 다를 수밖에 없어요. 그러니 너무 실망할
필요도 없죠. 빠르게 새로운 계획을 세우고 수정하는 게 더 중요

해요. 사실 그것밖에 방법도 없고요."

그래도 몇 개월 동안 열심히 준비했는데 생각과 다른 현실에 씁쓸했다. 하지만 내가 거스를 수 있는 조류가 아니다. 파도가 그렇게 몰아치면 내가 방향을 선회하는 게 맞다. 그리고 진짜 리스크는 '내가 모르는 리스크'라는 사실도 절감했다.

예상대로 흘러가지 않을 때는 다시 한번 경로 목록을 들여다보며 현재 상황에 맞는 경로로 옮겨야 한다. 규제 탓만 해봐야 아무 소용없다. 이렇게 현재를 점검한 후 이제 규제에서 조금 자유로운 지식산업센터, 사무용 오피스텔, 강의/세미나/스터디 분야에 좀 더 초점을 맞추기로 했다.

내게 여러 가지 옵션이 있어야 환경이 변할 때 좀 더 빠르게 대처할 수 있다. 2020년 목표로 아파트 투자 하나만 생각했다면 한동안 다른 경로를 찾느라 시간을 많이 허비했을 것이다. 그러나 여러 가지 경로가 플랜 B로 있었기 때문에 빠르게 다시 경로를 재설정할 수 있었다. 경로를 따라갈 때 상황을 잘 살피고 문제가 생기면 빠르게 수정하자.

장점을 극대화하며 일하라

자산운용사에서 30대 중반에 팀장을 막 달았을 때다. 남들보다 좀 더 일찍 팀장이 됐다는 사실에 우쭐하기도 했지만, 한편으론 예전부터 꿈꿔온 멋진 팀장이 되야겠다고 생각했다.

내가 생각한 멋진 팀장은 실적을 잘 올리고 비전을 제시하는 그런 카리스마 넘치는 모습이 아니었다. 팀원들이 성장할 수 있게 돕고, 우리 팀이 쓸데없는 일을 하지 않도록 다른 팀과 협의하고, 성과급을 많이 챙겨주는 사람이었다.

당시 나는 각 팀원이 어떻게 하면 더욱 성장할까를 고민했다. 팀원들이 무엇을 잘하고 못하는지 파악하고, 일을 배분할 때 잘 못하는 일을 맡겨 단점을 보완하면 더 빨리 성장할 수 있을 거라 생각했다. 숫자에 약한 팀원에게 엑셀로 분석하는 일을 주고, 법률에 약한 팀원에게 상대방과 협의한 후 변호사와 상의해 계약서를 만드는 일을 주는 식으로 말이다.

그렇게 일을 주자 예상 밖의 결과가 나타났다. 모든 팀원의 일하는 속도가 확연히 느려진 것이다. 이번 주 금요일까지 마감해야 하는 일이 다음 주로 넘어가도 진척되지 않았다. 왜 이렇게 늦냐고 물으면 도저히 못 하겠다는 답이 돌아왔다.

아무리 초보 팀장이라지만 왜 일을 그렇게 처리했을까. 지금 생각하면 내가 썼던 방식은 참 한심하다. A업무를 잘하는 팀원에게 B업무를 주고, B업무를 잘하는 팀원에게 A업무를 맡겼으니 말이다. 팀원 입장에선 못 하는 일을 해야 하니 엄청 힘들었을 것이다. 단점을 보완할 기회를 주면 더 뛰어난 사람이 되리라 생각했는데 결과적으로 그게 팀원들을 더 힘들게 만들었다.

이 경험을 통해 깨달았다. 사람은 자신의 장점을 극대화하는 방향으로 일해야 한다. 단점은 장점의 발목을 잡지 않을 정도로만 보완하면 된다.

장점에
집중하라

요즘 나는 더 이상 단점을 보완하는 전략을 쓰지 않는다. 내가 무엇을 잘하는지 알아내는 데 온 신경을 쓰고, 어떻게 하면 더 발전할지만 고민한다. 지식기업가 컨설팅을 하면 대개 다음과 같은 피드백이 온다.

"안녕하세요? 주신 내용 잘 봤습니다. 엄청 꼼꼼하시네요. 처음이라 막막했는데 전체적으로 가이드를 잘 잡아주셔서 감사합니다."

다양한 사람들에게 강의하고 컨설팅하면서 내가 꼼꼼한 편이라는 사실을 깨달았다. 영업력은 부족하지만 분석력이 좋다는 사실도 알았다. 신은 공평하기 때문에 어떤 능력을 주지 않았다면 다른 능력을 준다. 나는 꼼꼼함과 분석력이라는 장점 덕분에 콘텐츠를 만들 때 남들보다 더 유리했다.

건물 한 채 지은 경험으로 관련 강의를 만들 수 있던 배경에도 꼼꼼함과 분석력이란 장점이 한몫했다. 신축 강의는 기초과정과 정규과정으로 나눠 총 12시간 분량인데 이 강의로 1년에 5,000만 원의 수입을 올렸다. 강의 수강생은 600명을 넘는다.

어떻게 이런 일이 가능했을까? 내가 가진 장점을 활용했기 때문이다. 단 한 건의 투자를 하더라도 많은 데이터와 사례를 분석하고 구조화하는 능력이 내게 있다. 이런 강점이 있다는 사실을 깨달은 후 이제는 이 장점을 어떻게 더 키울지, 어떤 분야에 적용할지만 생각한다. 퇴사하고 난 후 경험한 변화다. 직장에서는 잘하는 일에만 집중하기 쉽지 않다. 나에게 다양한 요구를 하기 때문이다.

요즘에는 새로운 투자처에 대해 공부하고 있다. 2~3개월 정도 공부한 다음 실제 1~2건을 투자하려 한다. 거기서 끝나지 않고 그 경험을 통해 다시 강의를 만들 생각이다. 예전의 나라면 상상조차 못 할 일이다. 1~2건의 투자만 경험하고 사람들 앞에서 강의를 한다는 건 있을 수 없는 일이다.

하지만 내 장점이 뭔지 깨달은 지금은 다르다. 경험이 적어도 남들과 다른 콘텐츠를 만들 수 있다는 확신이 어느 정도 있다. 이렇게 강점을 활용할 수 있다는 사실이, 잘하는 일에 집중해 돈을 벌 수 있다는 사실이 참 기쁘다.

단점을 내버려 두지만
않는다면

나는 더 이상 잘하지 못 하는 일에 매달리지 않는다. 다른 사람과 친한 관계 형성하기, 영업하기 등과 같은 일은 거들떠보지 않는다. 대신 단점은 다른 방향으로 어떻게 보완할지 고민한다. 장점에 초점을 맞추되 단점을 그냥 내버려 두지 않는다.

영업하기 싫다고 누군가에게 내 제품이나 서비스를 팔지 않는다면 암만 좋은 물건이나 서비스를 마련해봐야 무슨 소용인가. 구슬도 꿰어야 보배이듯 좋은 강의를 만들어도 내 강의를 홍보하지 못하면 소용이 없다. 영업을 잘 못 하는 내 단점을 메꿀 수 있는 방법을 고민해야 한다. 물론 내가 직접 영업하지 않는 방식으로 말이다.

첫째, 사람을 고용하는 방법이 있다. 부동산을 돌며 중개업소 사장님들과 친해지기 어렵다면 잘할 수 있는 사람을 고용해 일을 맡기면 된다. 군이 내가 할 필요는 없다.

2018년에 실제로 그렇게 했다. 건물을 신축하기 위해 토지를 구하러 다녀야 하는데 부동산중개업소를 돌아다니는 게 너무 힘들었다. 시간도 많이 들고 부동산 중개업소 사장님들과 이야기하는 것도 불편했다. 그래서 붙임성 있는 사람을 고용해 평일 4시간, 일주일에 두 번 내가 원하는 지역의 부동산을 돌게 했다. 그리고 월 100만 원을 줬다. 그렇게 3개월 만에 좋은 토지를 구했으니 그야말로 금상첨화 아닌가.

둘째, 아예 돈으로 해결하는 방법이다. 나는 영업력이 약하다. 그래서 요새 온라인 광고를 공부하고 있다. 페이스북 마케팅을 공부한 후 시험 삼아 광고를 돌리기 시작했다. 곧 네이버 파워링크도 이용할 수 있을 것이다.

요즘 나는 직접 사람을 만나며 영업하는 대신 IT 기술을 이용하고, 그에 맞는 비용을 지급하는 방식으로 내 단점을 보완하고 있다.

당신의 장점은 무엇인가? 단점은 무엇인가? 단점을 고치는 대신 다른 방향으로 보완할 수 있는 방법을 찾고는 있는가? 목표를 달성하려면 여러 경로가 있는데 그중 자신의 장점을 활용할 수 있는 가장 좋은 경로가 무엇인지 생각해보자. 내게 맞는 방법이어야 즐겁고 오래 해나갈 수 있다. 억지로 하는 일을 선택하면 매번 너무 괴로울 것이다.

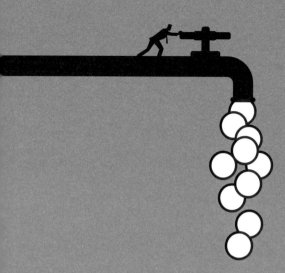

Chapter 6

부의 파이프라인을
완성하는 전략

: 계속 행동하고 수정하라

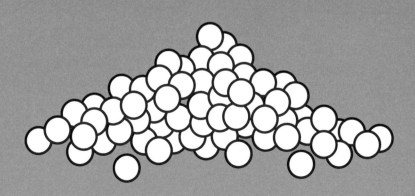

창의력 문제가 아니라
실행력 문제다

2017년 여름, 투자한 상가 중 한 곳의 관리사무소에서 연락이 왔다. 내 상가는 3층인데 2층 상가의 천장에서 물이 샌다는 내용이었다. 분명 3층에서 문제가 생긴 거라며, 3층 새시와 벽면 사이의 갈라진 실리콘 부분을 보수해 달라는 요청이었다.

사실 상가 투자의 장점은 소유주, 즉 임대인이 신경 쓸 일이 거의 없다는 것이다. 건물 내부의 문제는 대개 임차인이 책임지고, 외부 문제는 관리사무소에서 공동비용으로 수리한다. 이번 누수 문제도 3층 내부에 물이 고이지 않았으니 임차인의 책임이 아니다. 외부에서 물이 새는 건 관리사무소가 수리하면 되는 일이다.

그런데 관리사무소에서는 3층 외벽이 아니라 3층 새시가 원인이라며 공용비용으로 할 일이 아니라고 잡아뗐다.

관리사무소와 이야기하다 더 이상 왈가왈부하기 싫어 그냥 내비용으로 수리하기로 했다. 수리업체를 찾다 네이버 카페 중 '인기통'이라는 인테리어·수리 카페를 발견했다. 인테리어, 수리 공사와 관련해 소비자가 견적을 요청하면 업자들이 각각 견적을 내고 그중 소비자가 마음에 드는 업자를 선택해 공사를 진행하는 플랫폼이었다.

업자를 결정하자 일이 일사천리로 진행됐다. 스카이차와 외부 새시 수리팀을 손쉽게 부르면서 '이거 완전 중고나라 느낌이네!'라는 생각이 들었다. 중고나라가 물건을 사고파는 플랫폼이라면 이곳은 인테리어 서비스를 사고파는 플랫폼이었다. 그때부터 생각의 확장이 일어나기 시작했다.

'인테리어와 자잘한 고장 수리뿐 아니라 번역, 통역, 과외, 부동산 투자 상담 등 모든 서비스를 사고파는 플랫폼을 만들면 어떨까? 그래, 나도 플랫폼 사업자가 되는 거야!'

갑자기 꿈과 희망에 부풀었다. 일단 중고나라에서 힌트를 얻어 '서비스나라'로 가칭을 정했다. 내가 생각한 서비스나라의 플랫폼은 이랬다. 독거노인들은 컴퓨터가 고장 나면 혼자 힘으로 고치기 어렵다. '컴퓨터 봐주실 분'이라고 서비스나라에 글을 올리면 주변에 있는 젊은 직장인이 퇴근길에 2만 원 정도 받고 컴퓨터를 고쳐준다. 투잡 개념이다. 또 혼자 사는 여성들 중 전구 가는 것 등을 어려워하는 사람이 있으면 인테리어 업체보다 가격을 싸게 책정해 일반인이 퇴근길에 와서 갈아주는 식이다.

아이디어보다
실행력을 장착하라

에버노트를 켜고 반나절 동안 신나서 1차 사업구상을 모두 적었다. 초기 사업자금을 어디에서 구해야 하나 고민하다 벤처캐피털업체에 다니는 대학원 동기 형이 떠올랐다. 전화를 걸었다.

"형! 기발한 아이디어가 하나 있어요. 펀딩을 좀 받고 싶은데, 어떻게 해야 해요?"

"그래? 무슨 아이디어인데?"

순간 당황했다. 대학원 동기라지만 이 좋은 아이디어를 쉽게 이야기해도 되나 싶은 생각이 들었다. 잠시 갈등하다 이내 털어놓았다.

"(쭈뼛쭈뼛하며) 형, '서비스나라'라는 건데요. 서비스를 사고파는 플랫폼이에요."

좀 더 자세히 설명해 달라는 말에, '너무 많은 아이디어를 이야기하는 거 아닌가' 하는 말도 안 되는 걱정을 하다 이런저런 설명을 하기 시작했다. 다 듣고 난 동기 형은 말했다.

"아, 그 사업모델은 벌써 크몽 같은 스타트업에서 시작했어. 근데 중요한 건 어차피 아이디어가 아니라 그걸 어떻게 실행해내느냐니까. 사람을 어떻게 구성할지, 어떤 식으로 서비스 로드맵을 펴나갈지 그걸 고민하면 되지 않을까?"

'이미 다 하고 있었구나!' 머리를 한 대 맞은 듯했다. (난 정말 맹세코 저 때만 해도 그런 업체들이 있는 줄 몰랐다.) 이런 서비스를 시작한 업체가 있다는 사실에도 놀랐지만, 더 크게 놀란 건 다른 포인트였다.

동기 형은 나에게 "다른 업체들이 이미 하고 있으니 포기해." 라고 말하지 않았다. 아이디어가 아니라 실행하는 게 중요하다는 그의 말이 더 충격적이었다. 내 머릿속엔 '이미 누군가 하고 있다면 더 이상 기회가 없는 게 아닌가' 하는 생각이 깊숙이 자리 잡고 있었기 때문이다.

나는 사업에서 가장 중요한 것은 아이디어라고 생각해 늘 세상에 없는 아이디어를 떠올리려 애썼다. 그러다 이날 생각의 대전환을 맞이했다. 사업은 아이디어 싸움이 아니다. 실행력이 관건이다.

애플의 아이폰도 그렇지 않은가. 아이폰의 혁신 중 하나는 PDA처럼 전용 펜을 이용하지 않고 손가락으로 화면을 직접 터치해 조작이 가능하다는 점이다. 그럼 그 기술은 세상에 없던 혁신적인 기술인가? 아니다. 기존에 다른 업체가 이미 시도했는데 판매가 잘되지 않았다. 애플은 소비자가 편하게 터치 입력 방식을 이용할 수 있도록 구현했다는 점에서 차이가 있다. 또 개방형 시장(앱스토어)을 구축해 개발자들이 앱을 개발하고 그걸 통해 수익을 낼 수 있게 만들었다.

얼마 전 등장한 '푸라닭' 치킨 브랜드도 마찬가지다. 세상에 얼마나 치킨집이 많은가. 치킨집 옆에 또 치킨집이 있다. 교회와 미용실 다음으로 많은 게 치킨집이라는데 또 치킨 브랜드가 생겼다. 그런데 현재 인기가 엄청 많다. 아이디어, 즉 치킨이라는 주무기는 같지만 고급화 전략으로 소비자의 마음을 사로잡았다.

아이디어도 중요하다. 그러나 그 아이디어를 제대로 잘 실행하는 사람이 결국 모든 부를 거머쥔다. 같은 생각을 해도 누가 어떻게 하느냐에 따라 결과는 천차만별이기 때문이다.

남들의 사업은
나의 테스트보드

내가 어떤 아이디어를 가지고 있는데 이미 누군가 하고 있다면, 이는 긍정적인 신호다. 그 사람이 무엇을 잘하고 못하는지, 왜 비즈니스가 잘 되고 안 되는지, 내가 하게 된다면 무엇을 추가하면 좋을지 등을 쉽게 파악할 수 있기 때문이다.

남이 나 대신 테스트해준 거나 마찬가지다. 오히려 새로운 아이디어를 떠올렸는데 아무리 검색해도 하고 있는 사람이 없다면, 그게 더 위험한 일이다. 사업성이 전혀 없는 아이템일 수 있기 때문이다. 그 경우 내가 사업성 또는 투자 수익률을 오판하고 있는 건 아닌지 재고해야 한다.

이렇게 사고회로가 바뀌자 세상은 실행하는 자들의 것으로 보이기 시작했다. 아이디어만 내는 사람들은 늘 술자리에서 말로만 떠든다. 잘나가는 저 사업모델이 사실은 10년 전에 내가 생각했던 아이템이라고 말이다. (예전에 내가 그랬다.)

지금 아이디어가 있는가? 어떻게 실행하고 싶은가? 기존 업체보다 더 잘 해낼 수 있는 방법을 갖고 있는가? 이제는 이걸 고민할 때다.

뭐라도 해라,
불평만 하지 말고

나는 술을 못한다. 직장생활 내내 그 술이 내 발목을 붙잡았다. 술자리 영업을 가진 다음 날에는 늘 '나는 대체 왜 이렇게 태어났을까?'라는 불만만 되뇌었다. 그러다 3년 후 경제적 자유라는 목표를 정하면서 한탄만 하고 있다가는 평생 이렇게 살 것 같다는 생각이 들었다. 이런 상황을 타개할 방법이 없을까 고민하다 술자리 영업이 중요하지 않은 그런 일을 해야겠다고 마음먹었다.

생각의

전환이 필요해

만약 1~2명의 고객에게만 내 물건이나 서비스를 팔아야 한다면 그땐 영업이 엄청 중요하다. 미리 관계가 형성되어 있어야 판매가 쉽기 때문이다. 대표적으로 B2B(기업 대 기업 간 비즈니스) 업무가 있다. 1년에 10대 정도 팔리는, 하나에 50억 원인 기계가 있다고 치자. 기계를 구매할 회사가 몇 곳 없다면 단 한 번의 세일즈 기회가 무엇보다 소중하다. 가서 인맥을 만들고 영업을 해야 한다.

반대로 1만 명을 대상으로 뭔가를 판매해야 한다면 인간관계에 기반한 영업이 중요할까? 아니다. 1만 명을 다 만날 수 없을뿐더러 1만 명 중에 마음에 들어 하지 않는 사람이 있다 해도 상관없다. 이때는 직접 만나 관계를 맺는 영업보다 온라인 마케팅이나 입소문을 통한 영업이 더 효과적이다.

이런 생각이 들자 앞으로 좀 더 많은 소비자를 대상으로 하는 일을 해야겠다고 다짐했다. 그래서 선택한 것이 강의였다. 1회 강의료는 몇만 원에서 몇십만 원 정도로, 보통 30~40명의 수강생이 강의에 참여한다. 몇십억 원짜리를 한 기업에 파는 업무가 아니라는 말이다.

강의를 하면서 나는 더 이상 1:1 영업을 하지 않는다. 사실 영업을 통해 한 명 더 추가로 강의를 듣게 해봤자 늘어나는 수입은 몇만 원 정도다. 대신 어떻게 하면 더 많은 사람에게 시스템적으로 홍보할 수 있을지를 고민한다.

사람들이 궁금해하는 내용의 블로그 포스팅을 올리고, 좋은 강의 후기를 모으고, 퀄리티 높은 강의 콘텐츠를 만드는 데 집중한다. 이렇게 나에게 맞는 일을 하면서 어느덧 술 한 잔 입에 안 댄 지 1년이 넘어가고 있다.

생각해 보면
방법은 있다

나는 또 한 가지 콤플렉스가 있는데, 바로 줄줄 흐르는 땀이다. 여름엔 정말 지옥이 따로 없다. 더운 것도 싫지만 특히 습기에 정말 약하다. 지하철로 출근하는 날엔 출근길에 이미 온몸이 땀으로 흥건할 정도다. 이거야 뭐 그냥 그러려니 할 텐데, 더 문제는 고객 대상으로 발표를 하거나 중요한 자리에서 긴장하면 땀이 더 많이 난다는 것이다.

프로답게 보여야 하는데 이마에 땀이 송골송골 맺히기 시작하면 거기에 신경이 쓰여 땀이 더 난다. 그러다 고객이나 청중이 내 땀을 보고 있다는 걸 인지하면 또 신경이 쓰이면서 더욱 많은 땀이 난다. 땀이 더 나면 또 더 신경이 쓰이고, 다시 또 땀이 많이 나고⋯ 뫼비우스의 띠처럼 무한루프다.

이런 내가 정말 미치도록 싫었다. '내 몸은 왜 이럴까?' 한탄하며 불평불만만 계속했다. 그러다 뭐라도 좀 해보고 안 되면 그때 불평하자는 생각이 들었다. 인생을 불평불만만 하며 낭비하기 싫었다.

뭔가 좋은 방법이 없을까 찾아보다 시도한 첫 번째 방법은 드리클로(땀 억제제)를 땀나는 곳에 바르는 것이었다. 중요한 회의가 있거나 발표를 앞둔 날 밤 자기 전에 이마와 겨드랑이에 발랐다. 설명서에는 얼굴에 바르지 말라고 나와 있었지만 일단 무시하고 이마에도 발랐다. 역시 바른 부위가 약간 따끔따끔했다. (아마 피부가 약한 곳에 바르면 나타나는 증상 같다.) 그리고 회의에 들어갔더니 이마와 겨드랑이에선 땀이 안 나는 대신 다른 곳(예를 들면 가슴 등)에서 더 많은 땀이 났다. 머릿속에서 이 상황을 인지하는 순간 당황해서 더 많은 땀이 나는 악순환이 일어났다. 지금이야 그때를 생각하면 웃기지만 그 순간은 정말 절망스러웠다. 첫 번째 솔루션은 실패였다.

두 번째는 휴대용 선풍기를 이용하는 방법이었다. 의자에 앉아 허벅지 사이에 휴대용 선풍기를 놓고 얼굴 쪽으로 바람을 오게 했다. 서서 발표할 땐 휴대용 선풍기를 강연 테이블 위에 놓고 바람을 내 쪽으로 오게 했다. 일단 효과는 좋았지만 이 방법도 결국 실패했다. 가끔 회의하다 보면 말이 끊기는 순간이 있다. 그 조용한 가운데 들려오는 '웅~' 하는 소리에 내가 또 당황하기 시작했다. 회의 참석자 중 한 명이 "지금 무슨 소리 나지 않아요? 이 소리 뭐죠?"라고 물었기 때문이다.

세 번째 방법은 겨땀패드를 붙이는 것이었다. '겨땀패드'라는 상품이 있으면 좋겠다 싶어 검색했는데 정말 있어서 놀랐다. 구매하자마자 겨드랑이에 겨땀패드를 붙였다. 처음엔 잘 붙어 있어 효과가 있었는데 땀이 나기 시작하면 수분 때문에 접착력이 약해져 떨어지기 일쑤였다. 여름이라 반팔셔츠를 입는데 발표 중간에 패드가 옷 밖으로 떨어져 나오면 그것만큼 창피한 일이 없다.

네 번째 방법으로 얼음팩을 허리춤에 꼈다. 기본적으로 더위를 잘 타는 체질인데 몸을 조금 선선하게 만들면 땀이 나지 않기 때문이다. 그래서 얼음팩을 얼린 후 회의나 강의 전에 등쪽 허리춤에 끼워 놓고 들어갔다. 초반 30분~1시간 정도는 몸을 선선하게 해주어 효과가 좋았다. 심지어 소리도 없다. 그런데 문제는 얼음팩이 녹으면 물렁물렁해지기 때문에 허리춤에서 빠져나와 바지 엉덩이쪽 팬티 안으로 흘러 들어갔다. '바지에 똥 싼 사람이 느끼는 기분이 이렇겠구나' 하고 느끼는 계기가 됐다.

자! 이쯤이면 포기했겠지, 생각하시겠지만 나는 포기하지 않았다. 더 이상 불평불만만 늘어놓는 사람이 되지 않기로 마음먹었기 때문이다. 불평할 시간에 끝까지 해내겠다고 다짐했다.

그래서 다시 찾은 다섯 번째 방법은 임산부용 복대였다. 얼음팩이 녹아 바지로 들어가는 사태를 막고자 복대를 사서 수선집에 갔다. 복대에 얼음팩이 들어갈 수 있는 주머니를 만들어 달라고 요청했다. 이 방법은 성공적이었다. 얼음팩 복대를 하고 회의나 강의를 들어가면 이젠 여름철에도 문제가 없다. 다른 사람보다 훨씬 낮은 온도로 내 몸의 온도를 유지할 수 있기 때문이다.

해결책을 찾고 얼마나 기뻤는지 모른다. 드디어 찾았다는 기쁨도 컸지만 다른 이유로 더 기뻤다. 10년 전의 나라면, 5년 전의 나라면 그냥 말로 불평불만만 늘어놨을 것이다. 내 인생은 왜 이러냐면서 부모님께 뭐라 했을 것이다. 그러나 악착같이 방법을 찾으려는 나를 보면서 '지금의 나는 어떻게든 해보려고 노력하는구나'라는 생각이 들었다. 나도 이렇게 살 수 있는 사람이었다.

잠자고 있는 나의 실행력에
불을 지펴라

이렇게 길게, 어쩌면 우스꽝스러운 치부에 가까운 이야기를 꺼내놓은 까닭은 혹시라도 매사 '난 왜 이럴까' 하는 불평불만을 달고 사는 독자들을 위해서다. 그런 분이 있다면 불평만 하지 말고 그걸 고치기 위해 노력해 보라고 권하고 싶다. 그 불평불만을 타개할 방법을 고민하고 실행에 옮겨야 한다. 안타깝지만 자기 문제는 자신 밖에 해결할 사람이 없다. 불평할 시간에 해결책을 찾아보자.

사실 어떤 부분은 받아들일 수밖에 없다. 남들보다 내가 잘난 부분이 있다면 당연히 못난 부분도 있다. 남들이 그냥 불평할 때 나는 뭐라도 해서 좋아질 수 있다면 그걸로 인생이 달라진다.

목표를 세우고, 경로를 정하고, 하나하나 실행하다 보면 자신의 한계에 자주 부딪힐 것이다. 어떤 사람은 '난 왜 이렇게 자본금이 없지?', 또 어떤 사람은 '난 왜 이렇게 회사 일이 바쁘지?'라며 불평할 수 있다. '남들은 아내가, 또는 남편이 많이 도와준다는데 왜 내 배우자는 날 안 도와주지?' 이런 생각도 할 수 있다.

그렇게 불평해봤자 인생엔 아무런 도움이 되지 않는다. 모든 사람이 다 완벽한 조건에서 출발할 수 없다. 다만 내게 주어진 조

건에서 할 수 있는 뭔가를 하는 것, 그것이 목표 달성의 시간을
줄이는 유일한 방법이다.

실패와 성공의
한 끗 차이

주변을 보면 뭔가 하려다 중간에 쉽게 포기하는 사람이 있다. 그런데 가만 보면 포기하는 사람은 계속 포기한다. 이런 일이 왜 생길까? 살펴보니 대략 두 가지 경우가 있는 것 같다.

첫 번째는 처음부터 포기할 준비가 되어 있는 사람이다. 팀장 시절, 팀원들에게 새로운 일을 나눠주면 꼭 며칠 뒤 쪼르르 (기뻐하면서) 달려오던 팀원이 있었다.

"팀장님, 우리 회사 리서치부서에는 5년 치 강남권역 공실률 자료가 없다는데요!"

다른 회사 리서치부서는 확인했냐고 물으면 안 해봤단다. 기본적으로 일을 하다가 안 되는 이유를 발견하면 내심 기뻐하는 케이스다. 본인이 잘못했다는 마음의 가책을 느끼지 않으며 포기할 핑곗거리를 찾았기 때문이다. '오호, 이건 안 되네! 팀장한테 이래서 안 된다고 보고하면 되겠다'라며 그냥 포기하는 경우다. 자기합리화를 하는 것이다.

자신의 노력 문제가 아니라 외부 탓을 하는 마인드를 가지고 있다면 어떤 일이든 제대로 하지 못할 확률이 상당히 높다. 그저 예전에 하던 것만 반복적으로 한다. 투자에서도 마찬가지다. 새로운 투자를 권하면 "전 돈이 없어요."라며 포기하고, 대출을 받아보라 하면 "대출이 막혔대요!"라고 한다. 무주택자에게 좀 더 유리한 대출이 있다고 알려줘도 "어떻게 알아봐야 할지 모르겠어요."라고 포기하며 자기합리화한다.

처음 만나는 사람과 대화할 때 이런 태도가 엿보이면 더 이상 가타부타 이야기하지 않는다. 안타깝지만 그저 그런 삶을 살아가야 하는 사람이다. 그러면서 불평은 참 많다. "나는 너무 늦게 투자에 관심을 가졌나 봐요. 에구, 운이 안 좋네요."라고 말하면 나는 "네, 정말 안타깝네요."라고 답하며 머릿속으로는 다른 생각을 한다. '어차피 3년 전이었어도 안 하셨을거예요.'

돈이 없다면, 돈이 없는 사람은 어떻게 돈을 벌어 부자가 됐는지 조사하면서 내게 맞는 방법을 찾아야 한다. 대출이 안 된다고 하면, 대출이 가능한 투자는 없는지 살펴봐야 한다. 누군가 방법을 알려주면 그 방법이 정말 괜찮은지 확인해야 한다.

두 번째는 뭔가 막히면 쉽게 포기하는 경우다. 일을 성공적으로 해내는 사람과 포기하는 사람의 차이는 대단하지 않다. 무언가에 한번 딱 막힐 때 끈질기게 물고 늘어지느냐 그렇지 않느냐의 차이다.

2017년 자산운용사에서 일할 때, 강남에 있는 한 공실 빌딩을 매입하는 업무를 맡았다. 이 빌딩은 전체를 쓰던 임차인이 나가면서 100퍼센트 공실이 됐다. 어떤 임차인이 얼마에 임차할지 모르기 때문에 투자기관은 선뜻 투자 결정을 하지 못했다. 임대료와 공실률이 모두 예측 수치라 수익률 리스크가 크기 때문이다. 또 투자를 했는데 초기에 배당이 안 들어오면 해당 연도 투자기관의 내부 부서 평가 때 악영향을 받을 수도 있다.

이런 경우 자산운용사는 매매 잔금을 치르기 전에 임차인을 구하려고 백방으로 노력한다. 사전에 임차인을 구해 수익률을 어느 정도 확정하고, 초기 배당도 나오게 만들어야 펀딩(투자기관으로부터 투자금을 모으는 작업)이 훨씬 쉬워지기 때문이다.

팀원 중 한 명이 이 업무(임차인을 사전에 구하는 작업)를 맡았다.

한 보험사의 지역거점을 이 빌딩에 임차인으로 유치하려고 한 달 내내 공을 들였다. 그 보험사의 실무진과 담당 본부장까지 다 승인했고, 대표 승인만 남았는데 마지막에 부결됐다.

잔금일(소유권 이전일)까지 한 달도 남지 않은 시점에 갑자기 임차 유치가 어려워지자 투자하기로 한 투자기관도 머뭇거렸다.

그때 이 팀원은 어떻게 했을까? 그는 포기하지 않았다. 다시 백방으로 수소문하며 다른 임차인을 구하려고 노력했다. 큰 회사는 사무실 이전을 쉽게 결정하지 않는다. 충분한 시간을 두고 여러 방안을 검토하기 때문에 잔금까지 한 달도 남지 않은 상황에서 임차 결정을 하는 임차인은 거의 없다.

앞으로 남은 2주 동안 새로운 임차인을 구할 확률은 내가 봐도 1퍼센트가 될까 말까였다. 그런데 그 팀원은 임차인을 구했다. 특별한 아이디어가 있었던 것도, 탁월한 능력이 있었던 것도 아니었다. 그저 묵묵히 임대차중개업소에 전화하고, 실제 현장에 나가고, 미팅하고, 임대차 조건을 정리해 빠르게 대응했다. 나는 당시 그를 보며 정말 감탄했다.

뭔가 벽에 부딪혀도 포기하지 않고 어떻게든 해보려는 그 열정이 결국 엄청난 차이(계약금 5억 원을 지켰고, 향후 10년간 운영수수료 수입을 80억 원까지 도합 85억 원을 벌었다)를 만들어냈다.

적당히 해보고
포기하지는 말자

직장생활을 떠올리면 그 팀원이 기억에 많이 남는다. 비슷한 상황이 닥치면 나도 그렇게 포기하지 않고 묵묵히 최선을 다해야 한다고 생각해서다. 나 역시 신축을 위해 토지를 구하러 다닐 때 몇 번이나 매매계약에 실패했다. 그만할까 하는 생각이 수없이 들었지만 그래도 임장을 다니고, 중개업소에 연락하고 또 실패하면 다시 임장 다니고 중개업소에 연락하길 여러 번, 마침내 좋은 토지 매물을 구했다.

옛말에 '고기도 먹어본 놈이 먹는다'라는 말이 있다. 딱 한 끗 차이다. 장애물을 한 번 뛰어넘은 경험을 한 사람은 다음에 비슷한 장애물이 닥쳐도 포기하지 않는다. 알아보고 또 알아본다. 어떻게든 해내려고 한다. 번번이 실패하는 사람과 성공하는 사람의 차이는 크지 않다. 잘 안 될 것 같아도, 마지막 고비에서 조금 더 참고 묵묵히 하는 것, 그것이 차이를 만든다.

사람은
경험으로 큰다

밤에 약간 두려운 마음으로 잠들었는데, 아니나 다를까 이른 새벽에 눈이 떠졌다. 자리에서 일어나 책상 앞에서 할 일을 정리하는데 오히려 마음은 깨끗이 정리됐다. 다시 하고 싶은 마음도 들었다. '사람은 경험으로 큰다'라는 생각에 변함이 없다. 지금 내가 하는 모든 일은 좋은 밑거름이 될 거라 믿는다. 너무 두려워하지 말고 그냥 경험이라 생각하자.

2017년 11월 13일, 에버노트에 쓴 일기다. 힘들거나 두렵거나 기쁜 일이 생길 때 가끔 일기를 쓴다. 다른 노트를 검색하다 이 일기를 우연히 봤다. 정확하게 무슨 일 때문에 저 일기를 썼는지는 잘 기억나지 않는다. 날짜로 짐작하건대, 아마 경매와 관련해서 고민이 많았던 것 같다.

뭔가 새로운 일을 벌이다 보면 두렵고 무서울 때가 많다. 나 또한 대범하거나 무딘 편이 아니어서 머릿속에 고민거리가 있으면 자주 잠을 설친다. 일부러 생각하지 않으려 해도 몸은 자고 있되 뇌에선 고민의 해답을 찾기 위해 계속 움직인 달까.

누구나 다
두렵다

어떤 일을 하더라도 마찬가지다. 아니, 한 번도 해보지 않은 일을 하는데 어찌 예상대로 되겠는가. 그럴 때마다 나는 몇 가지 생각을 하며 마음을 단단하게 다졌다.

'지금 두렵다고 생각하는 일은 그저 하나의 경험을 쌓는 과정이다. 수업료를 내고 경험을 쌓고 있다. 잘하면 돈 한 푼 안 낼 수도 있고, 여차하면 돈을 벌면서 경험까지 쌓을 수 있다!'

첫 경매 때 일이다. 명도를 해야 하는데 강의와 책으로 배우기론 그냥 차분하게 하면 다 된다고 했다. 그런데 막상 소유자 겸 점유자를 만나니 기가 눌렸다. 나랑 동년배의 여자분인데, 첫 만남부터 기에 눌려 '이거 어떻게 해야 하나' 싶었다. 괜히 경매한다고 나섰나 싶어 후회하던 찰나 다시 마음을 고쳐먹었다.

'이제 경매를 시작했는데, 첫 건에 명도가 바로 되면 그것처럼 별로인 일이 어디 있나. 명도에 대해 제대로 배울 기회를 날리는 거잖아. 그런 측면에서 보면 점유자가 안 나간다니 얼마나 좋은 기회인가. 협의하다 안 되면 내용증명을 보내는 연습도 할 수 있고, 그래도 안 되면 강제집행 신청도 경험할 수 있는 기회야!'

이렇게 생각하자 명도가 달리 느껴졌다. 다시 협상을 시도했는데 잘 안 되어 우체국에 가서 내용증명을 보내기로 했다. 우체국 직원이 이렇게 하면 안 되고 이건 이렇게, 저건 저렇게, 몇 장을 출력해야 하는지 등 책에서 배운 내용증명과 다른 방법을 알려줬다. 한 번 경험하고 나니 완전히 체득할 수 있었다. (이제 내용증명을 보내는 일은 전혀 어렵지 않다.)

그렇게 내용증명을 보내고 강제집행을 신청(실제로 강제집행까지 가지는 않았다)하는 등 첫 경매를 통해 많이 배웠다. 마지막에 소유주와 원만하게 협의하고 명도를 끝내자 왜 책에서 별로 걱정하지 않아도 된다고 했는지 알 것 같았다.

원룸 건물을 지을 때도 마찬가지였다. 수익을 내고자 6층짜리 도시형생활주택으로 건축허가를 냈는데 승인이 나지 않았다. 예전의 나라면 '잘 안 되네' 하며 괜히 되지 않을 일로 고생한다고 속으로 불평했을 텐데 조금 다르게 생각하기로 했다.

'하나 배웠다. 얼마나 좋은가. 남들은 몇 채 지어야 알 수 있는 노하우를 난 짧은 경험으로 익혔으니까. 도시형생활주택을 지을 땐 대지 안의 공지를 더 거리 둬야 하는구나. 6층이 되는 순간 소방법과 관련해 지켜야 할 일이 생기니까 말이다.'

생각대로 안 된다고 속상해하거나 스트레스받지 말자. '내가 배우고 있구나. 남들은 한 번으로 하지 못할 경험을 난 다 하고 있구나' 이렇게 생각하자. 같은 돈을 내고 남들은 모를 노하우를 현장에서 배우니 얼마나 좋은가.

고등학생 시절, 가족과 함께 볼링장에 갔을 때 일이다. 스트라이크가 잘 안 나와 속상해하자 어머니가 이렇게 말씀하셨다.

"얼마나 좋니! 같은 돈 내고 남들은 공 한 번 굴릴 때 넌 여러 번 굴리잖아."

그때 그 말씀을 몇십 년이 지나 깨달았다. 모든 일을 긍적적인 마음으로 해야 더 잘 풀린다는 그 사실을 잊지 말자.

좀 잃어도
괜찮다는 마음

"잃지만 않으면 된다. 그리고
설령 잃으면 어때?" 이런 생각도 도움이 된다. 뭔가 두렵고 무서
운 이유는 대부분 갖고 있는 것을 잃는다는 생각 때문이다. 그럴
때마다 이 말을 되새김질했다.

세상에 돈으로 해결할 수 있는 일이 제일 쉽다. 나와 가족의 건
강, 우리의 행복은 돈만으로 해결할 수 없는 문제다. 돈으로 해결
할 수 있는 일이면 오히려 큰 문제가 되지 않는다.

일이 잘 풀리지 않을 때마다 돈으로 해결한다면 얼마나 들지
생각해보자. 몇백만 원, 몇천만 원을 잃을 수 있다. 최악의 경우
에도 잃는 건 기껏해야 저 정도다. 반대로 내가 최선을 다한다면
적어도 그 정도까진 잃지 않을 것이다. 얼마나 좋은가. 물론 잃는
돈이 적지 않지만 스트레스 받고 두려움에 떠느니 차라리 몇 개
월 부업을 해서 메꾸자고 생각하자. 다른 투자나 사업에서 좀 더
벌면 된다고 생각하자. 그게 일을 추진하는 데 훨씬 더 좋은 방법
이다.

시간 없다는
핑계를 대지 마라

몇 년 전 휴대폰을 사기 위해 '뽐뿌'라는 인터넷 사이트에 접속했다. 싸게 사는 방법을 검색하는데 모르는 용어가 많이 나와 한참 헤맸다. 어디에 가면 싸다는 정보를 찾자마자 그곳으로 달려가 가게 몇 군데를 돌며 가격을 일일이 비교했다. 간신히 10시간여 만에(정보 검색 시간, 집에서 신도림까지 왕복한 시간, 휴대폰 매장을 돌아다닌 시간 등) 휴대폰을 샀다.

남들보다 20~30만 원은 싸게 산 거 같아 엄청 뿌듯했다. 집에 와 자랑을 늘어놓았다. 이게 최신폰인데, 비싼 요금제를 6개월 동안 사용하면 훨씬 더 싸게 살 수 있다며 신나서 말했다. 30만 원을 아낀다고 10시간을 사용했으면서 말이다.

당시 시간당 5만 원을 벌고 있던 내가, 시간당 3만 원을 아꼈다고 좋아했다. 그 시간에 차라리 다른 생산적인 활동을 했다면 어땠을까.

시간을 아껴라!
돈이 따른다

지금 나는 더 이상 돈을 아끼지 않는다. 돈보다는 시간을 아끼며 산다. 이 말은 돈을 아끼기 위해 시간을 쓰는 우를 범하지 않는다는 의미다.

목표를 정하고 이루기 위해 노력하다 보면 시간이 부족해지는 순간이 자주 온다. 몇 년 전부터 나는 매일 부족한 시간과 싸우고 있다. 3년 후 퇴사하기 위해 회사에 다닐 때는 평일 새벽과 주말에 공부하고 투자하느라 시간이 늘 부족했다. 퇴사 후에는 새로운 강의 콘텐츠 만들랴, 블로그 포스팅하랴, 새로운 투자 공부하랴, 임장하랴, 네이버 카페 운영하랴 시간이 항상 부족하다.

투자 공부를 시작하면서 시간이 부족하다는 사실을 인지한 후 내가 하고 있는 일들을 하나하나 나열했다. 그리고 그 리스트 중

위임할 수 있는 일들을 찾았다.

가장 먼저 은행이체 업무가 눈에 띄었다. 인터넷뱅킹에 접속해 공인인증서로 로그인하고, 계좌번호와 금액을 입력한 뒤 OTP 카드를 찾아 이체하면 5~10분이 후딱 지난다. 이 일을 아내에게 부탁했다. 카카오톡으로 이체 금액과 계좌번호를 보내면 아내가 대신 이체한다. 배우자의 시간을 사용하긴 하지만, 돈을 들이지 않고 내 일을 위임했다.

돈을 지급하더라도 위임할 수 있는 일은 없을까? 1인 법인을 설립하는 일이 적합해 보였다. 어떤 인터넷 사이트에 들어가면 법무사에 맡기지 않고도 직접 법인을 만들 수 있는데 대신 시간이 정말 엄청 소요된다. 실제 해본 절차는 이렇다. 사이트에 접속해 회원가입을 하고, 다시 대법원 사이트에 들어가 회원가입을 한다. 잘 되면 다행이지만, 대개 에러 나는 일이 부지기수다. 그러면 고객센터에 연락해야 하고, 다음 날 답변을 받고 각종 자료를 스캔해서 보내는 등의 작업을 해야 끝이 난다. 족히 5일이 걸린다.

법무사에게 맡기면 수수료가 50만 원 정도다. 그 돈을 아끼기 위해 내 시간을 5일이나 쓴 것이다. 이제 이런 일은 다른 사람에게 맡긴다. 기준은 내가 버는 시간당 단가다. 지난 한 달 동안 내가 번 돈을 일한 시간으로 나누면 된다.

$$\frac{한\ 달\ 동안\ 번\ 돈}{한\ 달\ 동안\ 그\ 돈을\ 벌기\ 위해\ 사용한\ 시간} = 시간당\ 단가$$

지난달 월급과 투자로 1,000만 원을 벌었다고 가정해보자. 하루에 8시간씩 20일간 회사에서 일을 했다면 160시간, 투자하는 데 들어간 시간이 40시간이면 총 200시간을 사용했다. 그러면 시간당 단가는 5만 원(10,000,000원÷200시간)이다.

셀프로 법인을 세우는 데 드는 시간이 법무사를 썼을 때보다 10시간 이상 소요된다면 법무사를 쓰는 게 낫다. 내가 직접 할 때 소요되는 시간이 10시간이고 시간당 가치가 5만 원이라면 50만 원이 드는 셈이다. 이렇게 되면 50만 원을 내고 법무사에게 위임하는 게 더 효율적이다. 내 시간을 다른 투자에 활용할 수 있기 때문이다. 이런 계산법으로 내가 할 일을 분류하기 시작했다.

종합소득세(이하 '종소세') 신고를 스스로 할지, 세무사에게 맡길지도 같은 문제다. 세무사에게 종소세 신고 수수료를 물으니 20만 원이었다. 직접 해볼까 하는 생각에 홈택스에 접속해 보니 잘 모르는 단어들이 눈에 띄었다. 사실 나는 기본적으로 회계나

세금 지식이 있는 편이라 종소세 신고는 쉽지만 처음 보는 용어들을 찾는 데 드는 시간을 고려하면 족히 2시간은 걸릴 것 같았다. 어떻게 할까 고민하다 내 시간당 단가를 생각했다. 10만 원, 바로 세무사에게 이 일을 맡겼다.

부가세 신고는 누가 하는 게 좋을까? 세무사가 대행하면 10만 원이다. 내가 직접 할 경우 이미 전자세금계산서로 처리된 상태라 시간은 20분 정도 소요된다. 20분이면 약 33,000원꼴이다. 내가 하는 게 더 낫다. 만약 내 시간당 단가가 30만 원이었다면 부가세 신고도 아마 세무사에게 위임했을 것이다.

이런 식으로 하는 일을 나열한 뒤 본인의 시간당 단가를 계산하면 시간을 아끼는 데 도움이 된다. 수수료를 주더라도 다른 사람에게 위임하는 게 더 저렴(시간당 단가 기준에서)하다면 과감히 하나씩 맡기자. 그리고 그 시간에 다른 생산적(시간당 단가가 더 높은)인 일을 하길 권한다.

그럼에도
몇 가지는 직접

알아야 할 사실이 하나 있다.

시간당 단가 측면에서 다른 사람을 시키는 게 더 저렴하더라도 반드시 직접 해야 할 일이 있다. 바로 스스로의 발전에 도움이 되는 일이다.

얼마 전 갖고 있던 상가를 소호사무실 형태로 바꾸기 위해 공사를 진행했다. 거의 반 셀프로 목수 반장을 고용해 2주 정도 인테리어 공사를 했는데, 매일 출근해 직접 관리감독을 했다. 시간당 효율로 따지면 돈을 몇백만 원 더 주더라도 인테리어 업체를 고용하는 게 더 이익이다. 그런데 왜 군이 직접 했을까?

인테리어는 이번 한 번만 하고 끝날 일이 아니기 때문이었다. 앞으로 내가 어떤 투자나 사업을 하든 인테리어 능력은 반드시 갖춰야 할 역량 중 하나다. 이러한 필수 역량은 시간당 단가와 상관없이 직접 해보며 경험을 쌓고, 노하우를 익혀야 한다. 물론 사람마다 어떤 일을 하느냐에 따라 필수 역량은 달라진다.

무조건 돈을 아끼는 게 능사는 아니다. 많은 일을 동시다발적으로 하려면 돈보다 시간을 아껴야 한다. 시간을 아끼면서 앞으로 해야 할 일을 위해 시간을 계속 확보하는 것이 무엇보다 중요하다.

자신의 시간을
분석하라

지난 3일간 당신은 시간을 어떻게 활용했는가? 시간대별로 무슨 일을 했는가? 아래의 표에 한번 적어보자. 그중 중요하지 않은 일과 꼭 내가 하지 않아도 되는 일을 선별해 어떻게 위임할지 고민해보자.

─────── 현재 하고 있는 일 리스트 ───────

시간대	목표	중요 여부	위임 가능 여부	위임 방법
08:00-09:00	은행이체	×	○	배우자에게 부탁
09:00-10:00				
10:00-11:00				
11:00-12:00				
12:00-13:00				
13:00-14:00				
14:00-15:00				
15:00-16:00				

16:00-17:00	
17:00-18:00	
18:00-19:00	
19:00-20:00	
20:00-21:00	
21:00-22:00	
22:00-23:00	

시간을 아끼는
나만의 노하우

나는 약속 장소를 정하는 데 시간이 오래 걸리는 편이다. 이런 생각들을 하기 때문이다.

'상대방이 이 음식을 싫어하진 않을까? 미리 물어볼까? 근데 물어보면 다들 잘 먹는다고 말하는데 굳이 물어볼 필요 있나? 차라리 뭘 싫어하는지 물어볼까?'

'중요한 이야기를 나눠야 하는데 이 식당은 너무 시끄럽지 않을까? 식당 내부는 어떻게 되어 있지?'

'상대가 차를 가져오나? 이 식당은 주차가 편한가? 지하철로 온다면 역에서 가까운 곳을 골라야 하는데…, 아예 주차도 편하고 역에서도 가까운 곳을 알아볼까?'

'같이 나눠 먹어야 하는 음식은 코로나 때문에 상대방이 불편해하지 않을까? 단품으로 식사 구성이 된 곳이 어디 있을까?'

'어차피 내가 낼 건데, 음식값이 비싸서 상대방이 부담감을 느끼면 어떡하지?'

상대방과 약속을 잡고 만날 장소를 결정하는 것은 나에겐 고된 일이다. 원체 다른 사람을 많이 신경 쓰고 생각도 많아서다. 장소를 어디로 할지 고민하고, 음식점이 어떤지 블로그로 확인하고, 전화를 걸어 예약하는 등 약속 장소 선정에 많은 시간을 소비한다. 안 되겠다 싶어 방법을 찾기 시작했다.

해결책으로 강남역에 괜찮은 음식점 몇 곳을 찾아 놓았다. 음식점에 혼자 가서 맛을 보고 맘에 드는 몇 곳을 정한 뒤 음식 수준, 맛, 분위기, 주차 편의성, 서비스 등을 나름 평가했다. 그렇게 순위를 매긴 다음 사람을 만날 때 순서대로 이용한다. 누군가와 처음 만날 때는 1번 음식점, 두 번째 만날 때는 2번 음식점, 이런 식이다.

이러면 약속 장소에 대해 고민할 필요가 없다. 몇 개 음식점과 카페를 즐겨찾기 해놓은 셈이다. 상대방과 몇 번째 만나는지만 파악한 후 음식점 주소를 알려준다. 꼭 이 방법을 사용하라는 말은 아니다. 이런 식으로 하면 하루 중 낭비하는 자투리 시간을 아낄 수 있다는 의미다. '티끌 모아 태산'이라는 말처럼 자투리 시간을 조금씩 아끼면 더 많은 유의미한 시간을 확보할 수 있다.

삼세번의 원칙

부동산 펀드매니저로 일하면서 가장 힘들었던 순간은 매도자와 매매계약을 체결했는데 잔금일까지 투자금을 마련하지 못할 때다. 예를 들어 역삼역에 있는 강남파이낸스센터가 매물로 나왔다고 가정해보자.(아마 1조 5,000억 원 정도 하지 않을까?) 매도자는 싱가포르의 국부펀드인 GIC다. 나는 부동산 펀드를 이용해 2조 원에 역삼역 강남파이낸스센터를 매입하기로 했다.(설명을 구체적으로 하기 위해 가상의 상황을 만들었다. 물론 강남파이낸스센터라는 오피스빌딩은 역삼역에 실제 있고 소유주도 GIC가 맞다.)

6월 28일 매매계약을 체결했고, 3개월 뒤 9월 28일에 잔금을 치르기로 했다고 해보자. 내가 할 일은 3개월 동안 1조 5,000억 원을 투자기관 및 대출기관에서 모으는 일이다. IM^{Information Memo}이라고 부르는 100페이지 정도 되는 투자제안서를 들고 우리나라의 내로라하는 투자기관, 국민연금, 교직원공제회, 군인공제회 등을 다녀야 한다. 이곳에 투자하면 연 5퍼센트의 배당수익을 받을 수 있고, 현재 오피스 시장이 어떻기 때문에 임대료는 더 올라갈 것이며, 5년 뒤 매각차익은 몇천억 원 정도 될 것 같다는 이야기를 나눈다.

그러면 투자를 원하는 투자기관은 내부에 있는 투자심의위원회에 투자건을 부의하고 투자 승인을 받는 과정을 거친다. 그런데 이 과정에서 모든 일이 순조롭게 진행될까? 매매계약을 할 때 회삿돈으로 몇억 원을 이행보증금으로 매도자에게 주고 3개월이란 시간을 확보하는 건데, 이 기간 동안 모든 일이 생각한 대로 흘러갈 리 만무하다.

투자하겠다던 투자기관은 투자심의위원회에서 부결되기도 하고, 3,000억 원을 투자하기로 했는데 막상 투자심의에서 1,000억 원만 승인받기도 한다.

그런 일이 발생하면 나는 어떻게 될까? 머리가 멍해진다. 매도자에게 약속한 3개월 중 2개월이 흘렀는데 갑자기 투자기관 A에서 부결되면 3,000억 원을 다른 투자기관으로부터 급하게 구해야 한다. 어찌어찌 구했다 치자. 갑자기 대출해주기로 한 B생명보험사가 원금 일부 상환 조건으로 대출 조건을 바꾸기도 한다. 그러면 또 난리가 난다. 투자기관은 중도상환 없는 조건의 대출을 가정하고 투자심의를 진행했기 때문이다. 갑자기 날벼락이 떨어지는 셈이다.

이런 일은 사실 이 업계에선 비일비재하게 일어난다. 하루도 바람 잘 날 없다 보니 멘탈이 많이 흔들린다. 그렇게 부동산 펀드 업계로 들어온 지 3년쯤 되던 날, 문득 생각했다.

'아, 딜(부동산 매입)을 하나 마치려면 세 번 정도의 큰일은 당연히 생기는구나.'

이렇게 생각하자 그다음부터는 중간에 큰일이 생기더라도 그냥 그러려니 넘어간다. 뭔가 일이 생겨도 '어차피 세 번 정도는 큰일이 터지는데, 이제 겨우 한 번 터졌네. 하하, 이걸 어떻게 해결할까?' 하고 오히려 차분하고 이성적으로 해결방안을 모색하게 됐다. 어찌 보면 맷집이 생긴 것이다. 비슷한 상황을 자주 겪고 같은 고민을 하다 보니 나름 마음의 대비를 할 수 있게 됐다. (물론 이게 쉽다는 말은 절대 아니다.)

목표를 세우고 안 해본 일을 시작하면 어느 것 하나 내 뜻대로 되는 게 없다는 사실을 발견하게 된다. 원래 그렇다. 남들이 하는 건 한없이 쉬워 보이고 나에게만 늘 난관이 닥치는 것처럼 느껴진다. 하지만 일이 성사되려면 여러 번의 어려움이 닥치는 게 현실이다. 어찌 보면 생전 처음 하는 일이 예상대로 되는 게 정상이 아니다. 어려움이 닥치면 '어차피 세 번 정도는 큰 난관이 나를 기다리고 있을 거야'라고 아예 맘 편하게 생각하자.

괜찮아! 어차피 잘 안 될 거야, 라는 마음으로

요즘 온라인 마케팅을 직접 하고 있다. 그동안 부동산 강의는 블로그를 통해서만 판매했는데, 마케팅 수단으로 페이스북을 이용하기 시작했다. 하루에 2,500원씩 설정하고 마케팅을 돌린다. 몇 주 정도 해보니 내 홍보 페이지를 본 사람의 10퍼센트 정도만 클릭한다는 사실을 알았다. 그 중 실제 결제로 이어진 경우는 아직 없다. 잘 되진 않지만 크게 실망하지 않는다.

태어나서 온라인 마케팅을 한 번도 한 적 없던 내가, 처음 시도한 페이스북 마케팅에서 성공하면 그게 더 이상하지 않을까? 곰곰이 생각하고 수정하면 된다. 아마 앞으로 세 번 정도 어려움을 극복해야 어느 정도 가시적인 성과를 낼 수 있지 않을까?

예전 회사 동료 중 늘 이렇게 말하는 친구가 있었다. 새로운 일을 하려고 할 때 잘 될지 고민하면 그는 웃으면서 "해봐! 어차피 잘 안 될 거야."라고 말한다. 무조건 안 된단다. 처음엔 그게 다소 서운했는데, 그 이야기를 들으면 잘 안 되고 실패하는 게 오히려 당연하게 느껴진다. 그래서 조금이라도 성공하면 굉장히 많은 것을 해냈다는 자신감이 생긴다.

무엇이든 시작하시라. 대신 어차피 잘 안 될 거니까 너무 실망하진 말자. 잘 안 되는 게 정상이고 상식이다. 잘 안 되는 순간이 오면 실망하지 말고 이유를 찾아 수정하면 된다. 그리고 다시 해보자. 참고 딱 세 번만 더 해보자. 세 번만 수정하면 좋은 방법을 찾을 가능성이 상당히 높다. 인생은 삼세판이다.

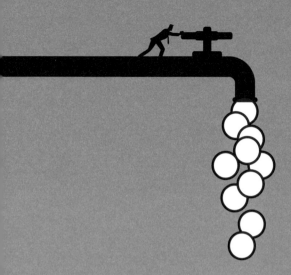

Chapter 7

부를 확장하는 법

: 목표 달성 그리고 재설정의 기술

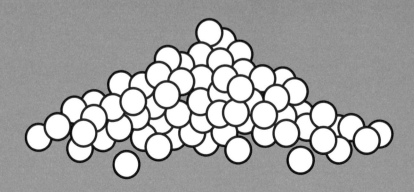

어떻게 해야 나 없이도
일이 가능할까?

목표를 이뤘는가? 어디까지 달성했는가? 목표를 이뤘다면 정말 축하한다. 그 길까지 가는 동안 아무도 알아주지 않았을 수도, 이루 말할 수 없을 정도로 힘들었을 수도 있다. 해본 사람만 안다. 얼마나 힘들었을지.

이제 한 달 정도 아무 생각하지 말고 편하게 재충전하길 바란다. 목표를 세우기 위해 갔던 장소가 있다면 그곳에 다시 한번 가는 방법도 추천한다. 가족과 함께 가도 의미 있을 것이다.

그렇게 여유로운 시간을 보낸 후 무엇을 해야 할까? 목표를 다시 잡아야 한다. 인생은 어디까지 도달한다고 '끝'인 그런 여정이 아니지 않은가. 누군가 인생은 길이라고 비유했다. 우리는 인생이라는 길의 여러 관문을 지날 뿐, 길은 끝없이 이어진다.

다시 새롭게
나아가기 위해

누군가는 경제적 자유를 이뤘을 수 있고, 누군가는 시간적 자유를 이뤘을 수 있다. 어떤 목표에 도달했다고 해서 다시 무언가를 하지 않으면 아마 인생은 재미없어질 것이다.

2019년 7월, 나에게 슬럼프가 찾아왔다. 배부른 고민이라 할 수 있지만, 첫 목표를 이루자 갑자기 이제 뭘 해야 하나 고민이 됐다. 돈을 더 벌어야 할까 생각하다가도 '뭐 반포에 있는 아파트에서 꼭 살아야 하나? 지금 분양받은 아파트에서 살아도 충분히 만족스러운데'라는 생각이 들었다.

보통 남자들은 차에 욕심이 있다는데, 나는 차에도 별 관심이 없다. 10년 전에 구입한 SM5의 주행거리는 아직 65,000킬로미터밖에 안 되고, 고장 한 번 나지 않았으며 실내도 깨끗하다. 비싼 자동차를 타고 다녀야 한다는 생각도 없다. 명품도 별로 좋아하지 않아 군이 사기 위해 돈을 더 벌어야 할 필요성을 못 느낀다.

무료 봉사(무료 강의, 재능기부)를 하며 살까도 생각했다. 좋은 일이지만 왠지 싫다는 생각이 들었다. 내가 가진 뭔가를 무료로 제공하면 그 가치를 제대로 인정받지 못하는 것 같았다. 이런저런 고민을 한 달 넘게 했지만, 대체 내가 뭘 원하는지 좀처럼 답이 나오지 않았다. 결국 돈과 보람, 그 중간 어디쯤으로 목표를 잡았다. 우선 뭔가를 하면 원하는 게 분명해질 것 같았다. 앞으로 돈을 벌면서 가치도 느낄 수 있는 일을 찾기로 했다.

돈이 들어오는
시스템이 필요하다

처음 목표를 달성했다면 새로 정한 목표는 이전보다 더 클 것이다. 이때 해야 할 일은 이전과는 조금 다른 방식으로 목표를 향해 나가는 것이다. 나도 지금 그 여정에 있다.

지금까지는 시간을 아껴 열심히 하는 것에 초점을 맞췄다. 그러나 이제는 시스템을 만들기 위해 고심하고 있다. 내가 한 달 이상 자리를 비워도, 혹은 내가 아예 없어도 알아서 돌아갈 수 있는 시스템을 갖추고 싶다. 진정한 자유는 매월 일정 금액 이상의 현금 흐름에서 오는 것이 아니라 내가 해야 할 일을 대신할 사람이 있을 때 오는 것이라 생각하기 때문이다.

대기업 총수를 보자. 몇 달 이상 자리를 비워도 회사는 아무 일 없이 돌아간다. 회장 아래 임원진이 있고, 그 아래 또 상위 관리자가 존재한다. 물론 아주 큰 결정이나 나아갈 방향은 회장이 정하겠지만 웬만한 결정과 선택은 그 아래 관리자들이 알아서 한다. 회장이 모든 일을 다 하기엔 회사 규모가 너무 크기 때문이다.

큰 규모의 회사를 만들려면 자신의 일을 나눠서 할 사람이 필요하다. 1년 전쯤 사업가 모임에 초대받은 적이 있다. 한 사업가의 이야기가 특히 마음에 남았다.

"나는 우리 직원들에게 늘 감사하는 마음을 가집니다. 사실 한 명 한 명이 연 1억 원 정도 수익을 내는데 연봉은 3,000만 원 정도지요. 덕분에 저는 출근도 안 하고 놀면서 매년 꾸준히 직원들보다 더 많은 연봉을 받고 있습니다."

이 사업가는 다른 사람을 통해 시간을 레버리지 한 것이다. 레버리지는 지렛대 원리를 말한다. 지렛대를 이용하면 실제 힘보다 몇 배 무거운 물건도 움직일 수 있다. 혼자 하기보다 여러 사람을 움직여 일하면 훨씬 더 큰 수익을 창출할 수 있는 것이다.

앞서 시간당 단가에 대해 이야기를 했다. 한 달에 버는 금액을 그 돈을 벌기 위해 들인 시간으로 나누면 자신의 시간당 단가가 나온다. 내 단가가 높아질수록 점점 더 많은 업무를 다른 사람에게 위임할 수 있다.

예를 들어 내 시간당 단가가 5만 원이라면, 시간당 1만 원 정도의 직원을 구해 업무를 위임하면 된다. 이 경우 시간당 1만 원 급여로 구할 수 있는 직원은 분명 경력직이 아닌 신입 레벨일 것이다. 그래서 맡길 수 있는 업무의 범위 또한 쉬운 일로 한정될 수밖에 없다.

그러다 내 시간당 단가가 10만 원으로 오르면 시간당 3만 원(하루 8시간, 20일 근무로 계산하면 월급이 대략 500만 원, 연봉은 6,000만 원)인 직원을 구할 수 있다. 그 정도 연봉이면 업무 경력이 꽤 있는 직원을 쓸 수 있다. 이렇게 되면 나는 점점 더 많은 일을 위임할 수 있게 되고, 시간에서 자유로워지면서 좀 더 중요한 일에 집중을 할 수 있는 여건이 만들어진다. 그러면 또 내 시간당 단가를 더 올릴 수 있다.

지금 하고 있는 일을 다른 사람이 해도 내가 하는 성과의 60퍼센트 이상 낼 수 있는가? 그 시간에 나는 더 의미 있고 성과 있는 일을 할 수 있는가? 이 부분이 후반부 인생의 중요한 과제다.

더 큰 목표로
도약하려면

2020년 2월, 코로나가 전 세계를 뒤덮었다. 나 또한 그 영향권에서 벗어날 수 없었다. 상가 임차인들로부터 임대료를 감면해달라는 연락이 왔고, 오프라인 강의도 못 하게 됐다. 몇 개월을 어영부영 보내다 이렇게 있으면 안 되겠다는 생각에 기존 강의를 온라인으로 전환했다.

사무실에서 촬영하고 편집해 건물 신축에 관한 강의를 만들었다. 첫 달에 140명이 신청했다. 누군가는 굉장히 소소한 수치라고 말할 수 있다. 유명 강사는 한 달에 몇천 명의 수강생을 모으니 말이다. 그러나 나는 이 인원을 보고 깜짝 놀랐다. 기존 오프라인 강의 수강생은 한 번에 보통 30~50명 정도인데, 온라인 강의 신청이 훨씬 더 많았던 것이다.

　오프라인에서 온라인 강의로 전환하니 좋은 점은 단순히 수강생 수만이 아니다. 온라인 강의는 마감이 필요 없다. 오프라인 강의는 보통 강남역의 30~50인실 강의실을 예약하고 신청을 받기 때문에 인원이 다 차면 마감이다.

　사실 이렇게 되면 매출 측면에서 손실이 발생한다. 강의를 듣고 싶지만 마감으로 인해 못 들은 사람이 다음 강의를 찾아올까? 경험상 그런 사람은 많지 않다. 다른 강사의 강의를 듣기도 하고, 시간이 지나면 관심이 사라지기 때문이다. 하지만 온라인 강의는 신청 인원의 제한이 없어 대단히 매력적으로 느껴졌다.

　또 온라인 강의는 한 번 만들면 노동력이 더 이상 들지 않는다. 오프라인에서 강의를 한 번 하려면 강의하는 데 세 시간, 이동하는 데 두 시간, 자료 출력 및 제본하는 데 한 시간, 강의안을 다시 보며 기억을 되살리는 데 30분 등 최소 6~7시간이 소요된다. 한 달에 세 번 강의한다면 스무 시간 정도 써야 한다. 회사를 다니는 것에 비하면 엄청 적은 시간이긴 하다. 그러나 시간이 투입되긴 마찬가지다. 하지만 온라인으로 전환하자 더 이상 그런 시간을 들이지 않아도 됐다. 하물며 그 시간에 다른 일을 할 수도 있다.

온라인 강의로 전환하면서 예상하지 못한 큰 장점은 입소문 속도다. 확실히 빠르다. 예전에 내 강의를 들은 40명 중 절반 정도가 다른 사람에게 추천했다고 가정해보자. 추천을 받은 사람이 다시 오프라인 강의를 들으려면 그 강의가 다시 개설되는 1~2개월 후까지 기다려야 한다. 그분들이 강의를 듣고 또 절반 정도가 입소문을 내는 데 다시 1~2개월 정도가 소요된다. 확산 속도가 최소 몇 개월은 걸린다.

그런데 온라인 강의는 어느 날 갑자기 10개의 신청이 몰려 들어오는 경우가 있다. '홍보도 전혀 하지 않았는데 왜 갑자기 신청 인원이 늘어났지?' 깜짝 놀라 살펴보니, 현재 온라인 강의를 듣는 사람이 자신이 참여한 단톡방이나 모임에서 입소문을 내준 것이다. 자신이 강의를 듣고 있는데 괜찮다면서 말이다. 그러면 그 단톡방에 있는 사람들이 바로 신청한다. 오프라인과 달리 온라인 강의는 입소문이 나는 순간 바로 신청이 들어오고, 그게 또 다른 입소문으로 연결된다. 즉 빠르게 선순환 구조가 만들어진다.

더 큰 목표를 향해 나아가려는 사람은 기존의 방식을 탈피해 새로운 방법을 모색해보는 건 어떨까. IT 기술을 이용해 더 많은 사람에게 서비스를 제공하면서 나는 더 큰 목표에 한 발 더 가까워지고 있다.

내 사람을
만들어라

　　　　　더 큰 목표를 향할 때 중요하게 고민해야 할 마지막은 '사람'이다. 시스템을 만들고, IT를 활용한 자동화를 통해 시간을 아껴 정말 필요한 곳에 집중해야 한다. 이 과정에서 무엇이 중요할까? 결국 사람이다. 모든 건 다 사람으로부터 나오기 때문이다.

　직장을 그만두고 나만의 목표를 설정해 앞으로 나아가면서 나에게 맞는 방식으로 사람들과 네트워크를 쌓기 시작했다. 술을 마시지 않고 골프도 치지 않는다. 대신 함께 점심 먹고, 커피 한 잔 마시며 2~3시간 정도 이야기한다.

　직장생활 할 때 사람 만나는 것을 힘들어했지만 사람과의 만남 그 자체가 싫진 않았다. 돌아보면 투자를 유치해야겠다는 목적성이 있었기 때문에 사람 만나는 데 부담이 컸다. 친해져야 투자도 유치할 수 있고, 비즈니스도 더 잘할 수 있으니 잘 보여야 한다는 생각에 식사 자리가 힘들었다.

　퇴사 후 깨달은 사실 하나는 내가 사람 만나는 일을 아주 싫어하진 않는다는 것이다. 장시간의 만남은 피곤하지만 2~3시간 정도는 즐겁다. 이젠 사람을 만날 때 머릿속에 목적을 넣지 않는다.

친해지면 좋고, 안 친해지면 말고… 그렇게 생각하니, 마음이 훨씬 편해졌다.

서로 비슷한 관심사에 대해 재미있게 이야기하면 그걸로 족하다. 이런 마음가짐이 가능한 이유는 이제 사람 몇 명에게 내 비즈니스 성과를 의존하지 않기 때문이다. 내 생각이 달라지니 사람을 대하는 태도 자체가 달라졌다. 그 과정을 통해 새로운 사람을 만나고 마음 맞는 사람이 생기면 더 집중할 수 있게 되었다.

직장을 벗어나자 내가 만날 수 있는 사람들의 폭이 굉장히 다채로워졌다. 나이, 직업, 출신, 환경 모두 제각각이라 이렇게 세상에 다양한 사람이 있었나 하고 놀랄 정도다.

평범한 직장인으로 평생 살 것이라 생각한 내가 40이 넘어 20대 후반의 디지털노마드족과 만나 인생살이에 대해 대화한다. 그러면서 지금의 MZ 세대를 배우고 새로운 기술도 알게 됐다. 목표를 달성하며 얻은 가장 큰 소득은 나의 우물 안 세계가 넓어졌다는 것이다. 나는 이제 이전과 완전히 다른 방식으로 살고 있다.

계속해서
부의 씨앗을 뿌려라

며칠 전, 내 자산이 얼마나 되는지 한번 차곡차곡 더해봤다. 70억 원이 조금 넘는 숫자가 나왔다. 물론 70억 원이 순자산은 아니고 그 안에는 은행 대출도 있고 임대보증금도 포함되어 있다. 그래도 현금 비중이 5퍼센트쯤 되어 위기 상황이 닥쳐도 어느 정도 방어할 수 있는 수준이다.

이 금액을 보면서 대학 졸업 후 지난 20년간 어떤 과정을 거쳐 현재에 이르렀는지 돌아봤다. 나는 크게 총 열 건의 투자를 했다. 가장 큰 실패는 2003년 사회초년생 때 원금 손실을 겪은 첫 투자(3,000만 원을 투자해 원금의 20퍼센트를 잃었다)였다. 그다음 여섯 건은 어느 정도 수익을 냈고, 세 건은 크게 성공했다.

크게 성공을 거둔 세 건의 투자 중 첫 번째는 10여 년 전에 투자한 부동산 펀드(리츠)다. 지난 10년간 매년 배당을 20퍼센트씩 받았고, 청산할 때는 원금의 4배를 돌려받았다. 10년간 원금의 6배로 불었다.

두 번째는 태양광발전사업이다. 좋은 가격에 장기계약을 체결해 20년간 안정적인 수입원을 확보했다. 대출까지 생각보다 좋은 조건(생각보다 낮은 금리로 많은 금액)으로 받았고, 수익률도 좋아 현재 나에게 매월 꼬박꼬박 현금 흐름을 가져다주는 캐시카우 역할을 하고 있다.

세 번째는 2017년 말, 다들 아파트는 이제 꼭짓점라고 했을 때 투자한 아파트다. 역전세가 시작된다고 언론에서 떠들던 시기였다. 그래도 주변 시세보다 5퍼센트 정도 싸게 분양해 청약에 들어갔다. 이 아파트는 2년 만에 두 배 가까이 올랐다.

나라고 이 투자들로 이만큼 성과를 낼지 알았을까? 당연히 아니다. 사실 저 세 건 모두 이 정도 수익이 날 거라 전혀 예상하지 못했다.

우연을 넘어선
놀라운 힘

《머니볼》, 《빅쇼트 Big Short》, 《라이어스 포커》 등은 베스트셀러 작가 마이클 루이스 Michael Lewis 의 작품이다. 그의 데뷔작은 《라이어스 포커》로, 1980년대 미국 최고의 채권 전문 투자은행IB이었던 살로먼 브라더스를 배경으로 한 머니게임을 다룬다. 그는 이 책을 어떻게 쓰게 됐을까?

루이스는 우연히 참석한 저녁 모임에서 살로먼 브라더스 고위 임원의 부인 옆자리에 앉았다. 이야기를 나누다 루이스를 좋게 본 부인이 남편에게 추천해 살로먼 브라더스에 입사한다. 그곳에서 쌓은 경험을 바탕으로 이 책을 썼고 엄청난 히트작이 되면서 베스트셀러 작가로 자리매김했다. 우연한 만남이 큰 성공으로 인도한 것이다.

그런데 만약 마이클 루이스가 아니라 내가 그 자리에 있었다면 나도 베스트셀러 작가가 됐을까? 절대 아닐 것이다. 루이스에게 그 식사자리는 우연처럼 찾아왔지만 우연만이 성공의 원인은 아니었다. 마이클 루이스는 우연을 성공으로 이끌 남다른 능력을 지니고 있었다. 첫째, 옆자리에 앉아 대화만으로 상대의 호감을 사는 능력이 있었다. 둘째, 살로먼 브라더스에서 쌓은 업무 경험을 통해 인사이트를 습득했다. 셋째, 그 인사이트를 소설의 플롯 구조에 맞게 글로 정리해 독자에게 전달하는 능력을 가졌다.

투자도 마찬가지다. 투자자에게, 또 사업가에게 필요한 우연 이외의 능력은 무엇일까? 나는 최소한 돈을 잃지 않는 투자를 할 수 있는 능력이라고 말하고 싶다. 예금보다 조금 더 높은 수익률 을 담보할 수 있는 투자를 실수 없이 선별할 수 있어야 한다. 그 러다 보면 생각지 못한 우연으로 몇 건의 투자에서 큰 수익이 터 질 수 있다.

내가 처음 큰 수익을 낸 부동산 펀드 투자는 두 가지 호재가 겹 쳤다. 하나는 그 펀드가 중간에 유상증자를 하면서 할증발행을 하게 되었는데, 그로 인해 구주주들의 주식가치가 두 배 이상으 로 뛰어올랐다. 두 번째는 10년간 엄청나게 내려간 기준금리다. 4퍼센트대에서 1퍼센트대로 내려가며 펀드 매각차익이 높아졌 다. 기준금리가 그렇게 떨어질 거라고, 10년 전의 내가 예측했을 까? 당연히 아니다.

하지만 내가 확신한 한 가지는 이 펀드의 안정적인 수익률이 다. 적어도 연 7퍼센트의 수익은 가능하다 판단했다. 전용률이 굉장히 좋은 건물이었기 때문이다. 그래서 주변 임대료보다 훨씬 비싸게 내놔도 다른 빌딩보다 임차인의 부담이 적었기 때문에 임대가 잘 될 거라는 확신이 있었다.

　나에게 찾아온 우연한 성공을 예상했던 건 아니었지만, 그래도 나에겐 최소한 잃지 않는 투자를 선별할 수 있는 능력이 있다. 이 능력이 높은 수익률의 토대다. 큰 수익을 낸 또 다른 두 건의 투자도 마찬가지다. 생각지 못한 요인 때문에 큰 수익을 거뒀지만, 기본적으로 공부를 통해 잃지 않는 투자를 할 수 있는 준비를 갖췄기 때문에 기대 이상의 수익이 가능했다.

　자, 이쯤에서 우리가 반드시 기억해야 할 한 가지가 무엇일까? 최소한 실패하지 않는 투자를 선별할 수 있는 능력을 갖춰야 한다는 것이다. 그래야 우연이 가져다주는 행운이 나를 그냥 스쳐지나가지 않는다.

부의 씨앗이
경제적 자유를 이끈다

　　　　　　우연을 맞이하려면 최소 열 건 정도의 투자를 꾸준히 해야 한다. 나의 투자 성공률은 30퍼센트 정도다.(투자한 열 건 중 큰 수익을 거둔 것은 세 건) 그런데 기껏해야 한두 건 투자하고 '난 왜 이 모양이지?'라고 생각하면 안 된다. 최소 열 건은 뿌려놔야 10퍼센트든 20퍼센트든 그중 몇 개가 크게 터지며 부의 레벨이 올라갈 수 있다.

스스로 실패하지 않을 만한 투자처를 늘리다 보면 기회가 온다. 우연찮게 투자한 곳이 재개발되면서 크게 성공할 수 있고, 청약을 넣었는데 그곳이 정치적인 이유로 가치에 탄력이 붙을 수도 있다. 또 기준금리가 내려가고 유동성이 풍부해지면서 대출이 좋은 조건으로 나오고, 이자비용이 줄면서 생각보다 큰 수익이 나는 경우도 있다.

뭔가를 뿌려놔야 우연도 찾아온다. 최소한 로또를 사야 당첨 확률이 있지, 로또를 사지 않는데 당첨될 리 없다. (로또를 사라는 이야기는 절대 아니다. 확률이 너무 낮다.)

우연처럼 다가오는 부는 사실 어떤 측면에서 절대 우연이 아니다. 최소한 내가 뿌리는 씨가 썩은 씨는 아니라고 판단할 수 있는 눈을 가질 것, 그리고 계속 씨를 뿌리는 노력이 핵심이다. 어떤 씨앗이 터질진 운이다. 하지만 저 두 가지를 미리 하는 사람에겐 분명 좋은 날이 찾아올 것이다.

간절함과
열정에 대해

어느 날 블로그를 통해 이웃 몇 분을 만났다. 같이 점심을 하며 이런저런 이야기를 나누다 그중 외국계 의류업체에 다니시는 한 분이 내게 조심스레 말을 건넸다. 난 당연히 '신축할 토지는 어떻게 알아보시나요? 수익률을 어떻게 높일까요?' 같은 투자 관련 질문일 줄 알았다. 하지만 어렵게 꺼낸 질문은 그동안 내가 받았던 질문과 결이 달랐다.

"생각실현가 님은 어떻게 3년 동안 그 많은 것을 해냈나요?"

아마 블로그에 비친 내 모습 때문이리라. 회사에 다니며 상권 조사도 하고, 상가 투자도 하고, 10년은 늙는다는 건물 신축도 하고, 태양광발전사업도 하고, 그 와중에 틈틈이 블로그도 하며 강의도 하니 말이다. 전혀 생각지 못한 질문이라 30초 정도 가만히 있었다. 그렇게 한참을 생각하다 내 입에서 이런 대답이 나왔다.

"한 번도 생각을 못 해봤는데… 음, 아마 현재와 다르게 살고 싶다는 간절함 때문인 거 같아요. 간절함이요."

평일 새벽에 일어나 한두 시간이라도 꼭 내 일을 하고, 회사 가서 일하다 저녁엔 피곤한 몸을 이끌고 세 시간씩 강의를 들었다. 강의 끝나고 뒤풀이가 있으면 술도 못하면서 몇 시간씩 자리에 앉아 혹시 도움이 될 만한 이야기가 나올까 귀를 쫑긋했다. 토요일엔 임장을 가고, 일요일엔 부동산중개업소를 가지 않아도 되는 개인 투자건을 챙기며 그 생활을 3년이나 했다. 어떻게 그런 힘이 생겼을까. 그 짧은 찰나에 생각해봤다. 40이 넘은 나이에 나라고 왜 힘들지 않았겠는가.

돌이켜 보니 힘들 때마다 나 자신에게 항상 되뇐 말이 있다.

'이게 힘들다고 하지 않으면 난 1년 뒤에도, 3년 뒤에도, 5년 뒤에도 지금과 똑같은 생활을 하고 있을 것이다.'

월요일 아침이면 출근하는 지하철 안에서 '왜 이리 사람이 많지? 이 사람이 밀고, 저 사람은 밟고…. 아, 정말 싫다'면서 출근하고, 회사에 도착해서는 주간업무보고 회의시간에 '언제 끝나. 이런 쓸데없는 보고 하느라 시간을 보내다니' 하면서 월요일을 시작할 게 뻔했다. 고객사에서 요청하는 보고서를 만들면서 분명히 또 속으로 '도대체 자기가 만들어야 할 보고서를 왜 나한테 만들어 보내라 하지? 아니 대체 실무자가 엑셀도 못 한다는 게 말이 되나?' 이런 생각을 하며 하루를 보낼 것이다.

그러다 연말이 되면 누가 승진했네, 어느 팀이 성과급을 많이 받았네 하는 이야기를 들으며 우리 팀원들에게 성과급을 많이 못 챙겨준 나를 자책할 것이다. 나보다 어린 친구가 내 위로 승진하는 모습을 보며 축하해주는 한편, 마음 깊은 곳엔 속상함과 질투가 생길 것이다. 그러다 같이 일하던 몇 년 선배가 등 떠밀리듯 회사를 떠나는 모습을 보며 '아, 혹시 저게 내 몇 년 뒤의 모습은 아닐까' 하고 걱정할 것이다. 그러면서 또 쳇바퀴 속 다람쥐처럼 그냥 그렇게 회사에 다닐 것이다.

에필로그

모르긴 몰라도 그 질문을 한 분은 아마 현재 특별한 불만 없이 회사에 다닐 것이다. 어느 정도 연봉을 받고, 성과도 내고, 하는 일이 적성에도 맞고…. 그렇게 모든 게 무난한 상황에선 개인적인 목표를 세우고 달성하기 위해 열심히 노력하기가 쉽지 않다. 그분의 삶이 나쁘다는 게 아니다. 다만 우리가 서로 원하는 것이 다를 뿐이다.

결국 이 생활을 벗어나고 싶다는 간절함이 있어야 한다. 무언가를 이루기 위해선, 정말 그 목표를 향한 간절함이 있어야 한다. 나의 간절함은 지금 아무것도 하지 않으면 앞으로 지금과 똑같은 삶을 살아야 한다는 두려움이었다.

코비 브라이언트Kobe Bryant라는 유명한 NBA 농구 선수가 있다. LA 레이커스에서만 슈팅가드로 20년을 뛰며 팀을 NBA 챔피언에 다섯 번이나 올렸다. 마이클 조던과 항상 비교되는 선수였다. 2016년에 은퇴했으나 불행하게도 2020년 1월, 헬리콥터 추락 사고로 세상을 떠났다. 조던이 코비의 추모사에서 한 이야기를 이 책의 마지막 문장으로 독자 여러분에게 드리고 싶다.

"만약 당신이 무언가를 열정적으로 사랑한다면 얻어내기 위해 끝까지 갈 것입니다. 열정이란 건 참 놀라운 겁니다."